광양이라는 이정표를 과냥이라고 읽는다

광양이라는 이정표를 과냥이라고 읽는다

펴 낸 날/ 초판1쇄 2025년 11월 8일
지 은 이/ 서재환

펴 낸 곳/ 도서출판 기역
편　　집/ 책마을해리
출판등록/ 2010년 8월 2일(제313-2010-236)
주　　소/ 경기도 파주시 회동길 363-8 출판도시
　　　　 전북 고창군 해리면 월봉성산길 88 책마을해리
문　　의/ (대표전화)070-4175-0914, (전송)070-4209-1709

ⓒ 서재환, 2025

ISBN 979-11-94533-17-7 03810

 이 책은 친환경 재생용지로 만들었습니다.

서재환 시집

광양이라는 이정표를 괴냥이라고 읽는다

펴내는글

과냥 사람은~

참 세월 잘 간다.
어려서 어른들이 세월 가는 것이 쏜살같다는 소리를 하면 무슨 소린가 했었는데 이제 조금씩 이해가 되어 간다.

1981년 제대를 하고 농촌 생활을 시작하면서 당시만 해도 농촌 계몽운동으로 독서 운동이 한창이던 시절이라 다른 마을에서 모두 하는 마을 도서관이 없다는 사실이 자존심 상해서 시작했는데 거기에다가 남에게 지기 싫어하는 고집까지 보태지고 보다 나은 도서관을 운영해야겠다는 옹고집까지 더해져서 오늘까지 오게 된 것이었다.
남다른 도서관을 만들어 보겠다고 오토바이랑 경운기 이동도서관도 만들고 지역 신문도 만들며 아이들하고 살아 온 세월이 어느덧 45년,

내 고집 덕분에 초등학교 4학년부터 중학교 마칠 때까지 신문 배달을 했던 내 아이들이나 10년이 넘도록 우유배달을 하며 내 고집의 뒷바라지를 해 준 내 아내는 참으로 많은 고생을 했고 할머니랑 어머니 아버지까지 힘들게 살았지만 그 덕분에 나는 원 없이 하고 싶은 일 다 하고 살았다.

물론 많은 분들의 도움이 있었기에 버텨 온 것이었지만 고정된 도움 없이 도서관이라는 돈 먹는 하마를 평생 키우는 것은 참 어려운 일이었다.

말로 다 표현할 수 없이 힘든 시기도 많았지만 그래도 지금까지 잘 버티어 왔으니 그나마 견딜 만한 어려움이었던 모양이다.

70대는 시속 70킬로미터로 간다던데 그것이 아쉽거나 조바심 나는 것이 아니라 30~40킬로미터로 달릴 때 만들어 놓은 글들을 여태껏 서랍 속에 담고만 있다는 것이 안타까워서 때늦은 작업을 해 본다.

  35년쯤 전에 바구리봉이라는 지역 신문을 만들면서 지역 언어를 보존해 보겠다는 생각에서 제대로 시어에 맞지도 않은 단어들을 끌어다가 억지로 시를 만들며 연재를 했었다.

  참으로 무식하면 용감하다는 말이 딱 맞는 행위였는데 지역 신문이었기에 진상사람들에게만 내보이는 일이었으니 신문에는 연재를 했지만 "시는 표준말로 써야 합니다!" 하던 어느 작가의 말이 귀에 꽂혀서 평생 밖으로는 내보이지 못하고 살았었고 감히 책으로 엮을 생각을 못 하고 살았었다.

  그런데 때늦게 오래된 바구리봉 신문을 챙겨 봐주시는 분들도 있고 이제 체면 차리고 할 나이도 지나고 하니 낯이 두꺼워져서 까짓거 원이나 풀고 가자 하는 심정으로 글을 모아 보았다.

 35년 전부터 써 온 글이니 당연히 시대 감각도 맞지 않을 것이고 나이 들어 새로 쓴 글이라 해도 또 번개처럼 바뀌어 가는 세월에 맞지 않을 터이니 그저 자기만족으로 만드는 책이라고 해도 할 말이 없지만 촌놈 나이 70이 되니 총기도 떨어지고 기억력도 떨어지니 더 이상은 미룰 수 없다는 생각에 용기를 내본다.

 예전에는 100년쯤 지나야 호랑이 담배 피우던 시절 이야기가 되었었지만 지금은 20~30년만 지나면 전설이 되고 마는 세상이니 이 이야기를 제대로 알아볼 사람이 얼마나 남았을 것인지 모르겠지만 어르신 소리가 제일 듣기 싫은 노인네의 푸념으로 알고 곱게 봐주시기를 바란다!

차례

004 — 펴내는글

반가운 님
014 — 과냥 사람은…
016 — 광양사람 글방을 맹금서!
018 — 할머니의 군담
020 — 아흔 살 할머니의 군담
022 — 어느 할머니의 한평생
024 — 할무니는…
026 — 할아버지는
028 — 아부지의 간섭
030 — 사랑하는 각시에게
032 — 각시의 치부책
034 — 정구지(精久持) 꽃을 보면서
036 — 설거지
038 — 반가운 님
040 — 은행낭구와 털이범
044 — 백학동 사람들

새 아침

046 — 새 아침

047 — 고향

048 — 설맞이 허는 날

050 — 성묘길

052 — 정월 대보름

055 — 나무꾼의 일기

058 — 호박죽

061 — 짐장배추

063 — 뺑도리 치기

봄을 잘 달개야 가실이 푸지제

066 — 삼동을 전디는 낭구들

069 — 어메~! 봄땜시 사람 죽겄네~!

071 — 봄을 잘 달개야 가실이 푸지제

073 — 늘쌍 찾아오는 봄

075 — 봄은 이판사판잉겨?

077 — 호박

079 — 칡

장마도 있어야 산당깨

084 — 못자리 맹글기
086 — 보리서리 해 봤소?
090 — 모 숭구기
092 — 땅헌티는 거름이 보약이여~!
094 — 고향에 오는 여름
097 — 더듬질허기
099 — 한여름날 불청객 쏘낙비
101 — 장마도 있어야 산당깨
103 — 연꽃
105 — 백중 부처리

가실 나들이

108 — 벌초가 뭔 줄 아요?
111 — 벌초를 험시롱~!
114 — 올개심니 묵는 날~!
116 — 갱조갯국
118 — 가실 나들이
121 — 노랑 조구 한 마리
123 — 전어 한 마리
125 — 달님

항꾸내 가면 될 것을

128 — 귀빠진 날

130 — 동태 따라 도는 인생

132 — 대낭구 짝수발 타기

134 — 자징개

136 — 어찌 사는 것이…

139 — 이렇게 사는 것도…

142 — 사투리

143 — 살다 보면

146 — 또 하나의 나

148 — 나이 마흔이면 불혹(不惑)이라는디…

150 — 하눌님! 참말로 몬 참것네요!

154 — 사는 것이 좋아서 산다네!

157 — 짜지 말고 사소

160 — 맨날맨날 행복허고 자부면

162 — 백수가 된 내 머리

164 — 개미있게 살자

165 — 세상살이가 참 재밌다

166 — 텃밭도서관

168 — 담쟁이 넝크렝이

169 — 초가 한 채 맹글고 봉깨

170 — 달!

172 — 항꾸내 가면 될 것을

반 가 운   님

과냥 사람은…

백운산 정기를 받고 고리수 약물을 묵고 큰
과냥 사람은,
꼬칫가리 서 말을 묵고 뻘 속 삼십 리를 간다는
과냥 사람은,
죽은 송장 하나가 왼디 사람 둘을 당해 낸다는
과냥 사람은,
순천까지 몰고 간 이(이), 천마리가 삼천 마리로 불었더라는
과냥 사람은,
일을 헐 직에는 징허게 독허다는 소리를 듣는
과냥 사람은,
들어 오기 싫어 울고 정들면 나가기 싫어 운다는
과냥 사람은,
쇠섬에 성냥간이 들어서고 바다가 육지가 돼도
과냥 사람은,
세상천지 누보다도 콧대 높푸고 자존심 강헌
과냥 사람은,
아무리 타관 객지를 떠돌아도 과냥말만 들리면
과냥 사람은,
생전 첨 보는 사람도 금세 친동구간 맹키로 되삐리는

과냥 사람은,
하늘이 무너지고 땅이 꺼지고 모감지가 떨어져도
과냥 사람은,
과냥 놈잉깨 헐 말, 헐 짓거리는 해삐리야 직성이 풀리는
과냥 사람은,
제 땅을 지킴시롱 살아왔고 제 땅을 가꿈시롱 살아간다.
과냥 놈잉깨,

광양사람 글방을 맹금서!

허던 일도 접고 들앙거야 헐 판에
뜽금없이 또 새 일을 맹글고 미쳐 빠진다.

과냥에 살았거나 과냥사람이 살아 온 이약들을
한자리에 못타 보자는 생각을 했다.

세상에 없는 별난 도서관을
우리 동네서 한 본 시작해 보자고…

한 본 빠지먼 헤나지를 못 허는 썽질이
또 제대로 발동이 걸렸다.

생각헐수록 재미나다는 생각에
발대식부터 허고 책을 모투는디

비료창고를 곤치서 도서관을 맹글랑깨
넘어야 헐 베름빡이 너무 노푸제마는

까짓거 천하의 과냥놈이
못 넘을 베름빡이 있간디?

징글징글헌 을사년 무더우도
발동걸린 무대뽀헌티는 깜도 안된당깨

쩐으로 때우는 거는 맘대로 못 해도
몸으로 때우는 거시사 아직은 전딜만허제.

징허게 육수 빼던 여름이 가고 가실 옹깨
실실 거둘 것들이 생기는그마 이!

한 공 두 공 들어오는 책들도 반갑고
앞집 뒷집 선배 후배들 이약이 가득헌 도서관을

맘으로 몸으로 쩐으로 거들아 주는 분들이 있어서
처지는 몸을 다시 일바씨고 앞으로 간다.

얼마를 갈지 어디로 갈지는
안 가 봐서 나도 모릉깨 묻지를 마라.

몇 년을 갈지 모르것제마는
좀 더 전디 보고 이약허세 이~!

할무니의 군담

"빌어묵을 놈들,
그러다간 제놈들이 베락맞제…."
무답시 입에 욕을 담는 할무니는
넘들이 보먼 미친 사람 겉제마는
살아온 날들을 생각해 보먼
한이 맺히고 용심이 나서 욕빼끼 안 나온다.

"쎄가 오댓발이나 빠질 놈들,
저것들도 사람 배창수에서 나왔쓰까…."
제 에미 애비를 쌔리 패고
고롬장을 시키고
암디나 내삐리는 호로자석들을 보고도
덕석몰이도 못허는 세상이 가짠타.

"니놈들이 송쿠밥에
피죽도 못 묵는 세상을 살아 봐야제…."
배지가 불러서 투정이나 허고
몸보신헌다고 용천병을 떠는
히안한 세상을 보면
쌀 한 테기에도 벌벌 떨던거이 서럽다.

금뎅이거치 오두고
똥구녕도 홀타감시롱 키워논 자석들도
망~구에 제 묵고 살기 바뿡깨
썰렁허니 빈 집구석이나 지키고 있자니
오만 세상에 쎄 찰일 뿐이고
북망산에 몬춤 간 영감헌티도 무답시 부애가 난다.

버버리 삼년, 당달봉사 삼년,
귀머거리 삼년을 살아야 헌다고
쎄 한번 못 차보고
용심 한번 못 내고
살아 온 세상을
인자사 원없이 쎄를 차고 산다.

"웬숫놈의 쎄는 다라지지도 않네…!"

아흔 살 할머니의 군담

무신 놈의 물귀신이 배지도 오지게 크네 이~!
인당수 짚은 물에 사는 물귀신도
한 철에 한 목숨이면 배를 채우던디
저 많은 목숨을 끄 가는거 봉깨
그쪽에는 물귀신이 버글버글 헌갑네!
(서해 훼리호 침몰 사고를 보고…)

어이구 하눌님도 무작허네 이~!
참말로 벼락맞아 죽어야 헐 놈들은
백주대낮에 네 활개를 치고 싸돌아 댕기는디
대가리에 피도 안 마른 에린 것들이
뭔 놈의 죄가 있다고 저 날벼락을 치까 이~!
(대구 지하철 폭파사건을 보고…)

어메! 징헌 놈의 난리가 또 났다냐?
전에는 빨갱이놈들이 쳐내리 온다고
멀쩡헌 다리를 똥굴라 사람을 쥑이더마는
시방은 어떤 무작헌 놈들이 쳐들어 오걸래
저 존 다리를 끊어 어먼 사람들을 쥑이까 이~!
(성수대교 붕괴 사건을 보고…)

에이구! 숭칙헌 놈들!
그 독헌 왜놈들도
에미 애비 모르는 빨갱이 놈들도
생사람을 맷돌에 갈아직이지는 않턴디
산 사람들을 시리떡에 풋고물 깔덱끼
찡가 직이는 놈은
얼매나 독살시런 놈의 종자까 이~!
(삼풍백화점 붕괴 사건을 보고…)

야들아!
나 죽어도 제사상 채리지 말거라
가짢은 물밥 한 그럭 얻어 묵을라고 오다가
죽은 목숨 또 죽을까니 겁나서 몬 오것다
여그가 지옥이제 지옥이라고 여그보다 더 허겄냐!
저 난리굿 안보고 쌔게쌔게 죽었어야 허는건디~!

어느 할머니의 한평생

산다는 거는
죽어도 안 죽고 사는 거시
자고 나면
눈에 배긴다는 거다.

배까죽이 등까죽에 붙고
눈구녕이 천 리나 들어가서
하늘이 뱅뱅 돌아도
숨줄 한 가닥만 뽀딱지게 잡고 전딘
징헌 놈의 세상도 있었다.

밥그럭 수나 줄인다고
쩍끼 오다시피 헌
오지게 무작스럽던 시집살이도
이를 갈고 또 갈아 감시롱
이서 온 명줄이었다.

돼지막 곁은 집구석에 오골기리는
철딱서니 없이 눈만 멀금헌 새끼들이
하루에도 몇 번이나 놔 삐리고 싶은

숨줄을 오마쥐게 헌
실래키 겉은 끈태기였다.

근디 인자 너무 많이 살았다.

달고 맜낸 거는 다 베리 두고
배지껏 묵어 보도 못허고
뻬매디가 애리고 쑤시도
올캐 약 한제도 못 묵어 봤는디도
참말로 찔기고 찔긴 명줄이다.

삼시롱 오살나게 적끈 것 만도 징헌디
벌건 대낮에 대그빡이 터져 나자빠지고
배지껏 처묵고 되궁구라지고
에미 애비 동구간도 모르고 사는
인지옥을 뻔허니 눈 뜨고 다 보는구나.

전생에 염라대왕허고 뭔 놈의 웬수가 졌걸래
이날 입때까지 잡아가도 안 허고
얼매나 더 징헌 꼴을 보고 살아야
이놈의 명줄이 떨어질랑가
참말로 언능 못 죽는 거이 한이다.

할무니는…

할무니가
새복 닭이 울기도 전에 덕석 잠을 깨서
도구대로 치고 몽돌로 문때고
볼쌀 낄이서 안치던 밥을
- 우리는
  손구락으로 스위치만 눌리면 됩니다.
  근디 인자 아침밥 챙기먼 간 큰 남자랍니다.

할무니가
쌀 한 테기라도 나갈까니 벌벌 떨고
쉰 밥도 찬물에 씻꺼서
부떡에 돌아앉아 묵었지마는
- 우리는
  빨갱이라고 허는 사람들헌티도
  똥푸덱기 퍼서 차떼기로 앵기는 거시 일입니다.
  근디 주고 나서도 직살나게 욕만 묵습니다.

할무니가
손톱을 째 감시롱 삼베 모시베 나서
바늘끄터리에 손구락 찔리감시롱

보돕시 등지개 한 볼 해줬제마는
- 우리는
 입은 옷이 안 떨어져서 환장입니다.
 근디 배지나 오금쟁이는 더 내놓고 댕깁니다.

할무니는
입에 넣었던 것도 맛낸 거는 도로 끄내서
묵을 줄 모른다고 손주들 입에 여 줌시롱
할무니는 단 거 못 묵는다 했는디
- 우리는
 맛낸 거시 천지에 궁그라 댕깁니다마는
 당체 할무니 챙길 줄을 모릅니다.

할아부지는

할아부지가
짚세기 삼아 신어 감시롱 가던 한양을
- 우리는
　신나게 자가용 타고 갑니다.
　근디 목숨을 달아 부치고 갑니다.

할아부지가
쉬엄쉬엄 귀경허고 노래험시롱 넘던 고개를
- 우리는
　비행기 타고 핀허니 넘습니다.
　근디 눈에 배기는 거이 없습니다.

할아부지가
주먹밥 한 뎅이로 때우던 점심도
- 우리는
　차떼기로 실고 댕김시롱 묵습니다.
　근디 찌끄레기가 징허니 많이 남습니다.

할아부지가
달포가 넘게 걸린 나들잇길에

보돕시 양초 한자리 사다가도
백어국을 낄이서 온 동네가 갈라묵제마는
- 우리는
　피자랑 핫도구랑 코피를 묵습니다.
　근디 갈라묵을 건석도 이웃도 없습니다.

할아부지는
담뱃대 질게 물고 댕김시롱
버르장머리 없는 놈들은
내 새끼 넘의 새끼 안 개리고
혼구녕을 내서 바로잡제마만
- 우리는
　지 맘대로 해도
　언 놈이 눈도 크게 안 뜨고
　실실 피해중께 겁날 거이 없습니다.
　긍께 싸가지들이 없습니다.

아부지의 간섭

마당을 쓰는 빗찌락질 하나를 해도
빗찌락을 눕히서 씰어라
복 들어오게 안으로 씰어라 허심서
허투로 안 살게 허시던 시절이 있었네요.

낫질 하나부터
아부지가 갤차 주싰던
오만 가지 일들이
아직도 대그빡 속에 훤허니 백히 있는디….

시방은 달나라 정도는
이우제 모실 댕기 덱끼 댕기는 시상이라
인자 그런 것들을 암작에도 못 쓰게 되삐맀는디
어째야 쓰껜다?

낫 갈아서 사나쿠로 감아 들고
뒷골로 아랫골로
선산 벌초헌다고
떼거리로 몰리 댕기던 시절에는

예취기로 풀 베는 사람들을
호로자석이라고 욕허던 때도 있었는디
인자 상구 메고 묏둥 맹그는 일이
전설 속 이야기가 되고 말았그만요.

떼자구가 많아서 배곯은 시절에는
돈 몇 푼에 모감지 걸고
전쟁터를 찾아댕기기도 했었제마는
그래도 바글바글 재미나게는 살았었는디

인자 아그들 귀경 좀 허자고
쩐으로 금칠을 해 놔도
아그들 보는 일이
젤로 심들어지는 시상이그만요

기껏 30년도 안 된 세월들이
전설 속으로 넘어가 삐리는 시절이다 봉깨
아부지가 살고 가신 세월이
참말로 무작허니 붚네요~!

사랑하는 각시에게

우리는 참 바보 맹키로 만났제.

우리가 첨 만낸
대구 앞산 공원 뒤
몰강물이 졸졸 흐르는 꼬랑갓에서

동구간 많은 집 장남이라 심드꺼랑깨
뺑그시 잇음서 고개만 깐닥기맀고

양친 부모에 보태서
늙으신 할무니까지 모시야 헌다는 말에도
뺑그시 잇음서 고개만 깐닥기맀제

평생 농사를 지음서 살자는 나를
천 리 먼 질을 따라온 당신.
우리는 참 바보 맹키로 묻고
바보 겉치 웃었제.

그리고 짧지 않은 세월을
심들 직에는 땀으로 씻끄고

괴로울 직에는 눈물로 씻끄고
즐거울 직에는 웃음으로 닦음서
그냥 그냥 살아왔제.

간혹 함부로 자존심 상하게 말헌다고
당신 입장은 생각도 안 해 준다고
꼬라지 부림서 뎀비들 직에는
얼척없고 기가 맥히고 말문이 맥히기도 했제마는

내 사랑 귀순아!
영원한 나의 반똥가리로
오직 당신 빼끼 없다는 걸 믿고

영악허지 못한 바보 부부로
앞으로도 살아가는 날까지
그냥 그냥 살자꾸나.

각시의 치부책

각시헌티는
시집 옴서부터 쓰고 있던 치부책이 있어요.

젊어서는 내 배기지를 안헝깨
모르고 살았었는디….

나이가 들어 감서
치부책을 내 배기는 일이 가끔 생기더만요.

각시가 치부책을 여는 날은
그날은 나가 살아 있어도 산 날이 아니지요.

생전에 이리 많은 죄를 짓고도
안 잽히가고 살아 있다는 것이 신기해서
그저 눈만 껌벅껌벅허고 있어야 헌당깨요.

근다고 나가
치부책을 곤칠 수도 없고
한 본 써진 것은 지울 수 없는 것이 문제네요.

분명히 그 책 어디엔가는
나가 잘했던 일도
한두 줄 정도는 백히 있쓰껀디….

그나저나 인자 버툴 심도 없고 헝깨
다시는 치부책이 안 열리게
오만 공을 다 딜이도 모지랠 판인디

방정맞은 주뎅이가
나설 디 안 나설 디도 모르고
시도 때도 없이 나불기리는 것이 문제랑깨요.

정구지(精久持) 꽃을 보면서
― 부추꽃을 보면서

이른 봄에
새순이 뽀쫌뽀쫌 나기 시작험서부터
정구지의 수난은 시작된다.

첫물 정구지는 사우도 안 준다느니
이걸 묵으면 담베락을 넘네
베름빡을 뿌식는다네 험서 목을 쳐 대는디….

세상에 어떤 생물도
정구지만큼 기구헌 운명을
타고 난 놈이 없는 것 같다.

잎싹을 뜯어내는 것도 아니고
열매만 따 가는 것도 아니고
뿌렝이채 캐 가는 것도 아니고….

전생에 뭔 죄를 얼매나 지고 살았걸래
몇 밤 자고 인나서 보돕시 살았다 시푸먼
단두대에 달린 죄수 맹키로 모감지를 댕강 비 가는
디….

그래도 인나고 또 인나고
참으로 모진 세월을 전디 내고
끝내는 힉헌 꽃을 피워 내는 정구지를 보면

각시 생각이 난다.

정구지보다 더 모진 세월을
정구지보다 더 독허개 전디 내고
끝까지 나 젙에 남아있는 각시~!

너무너무 아짐찮헌디
이생에서는 도저히 갚을 수 없는 인사를
정구지 꽃 한아름으로 대신해 본다.

각시야~! 사랑해~!

설거지

각시가 손을 다치서 싸매고 댕깅깨
젤 몬춤 나 모가치로 떨어진 거시
설거지다.

여지껏 설거지 한본도 안 허고
호강허고 산 거는 아니제마는

보름 넘도록 귀명물 통에 손 당그고
설거지 허기는 첨이다 봉깨
만감이 교차헌다!

설거지허는 일이 크게 심든 일은 아니제마는
맨날맨날 해야 허는 귀찮은 일이라서

여지껏 나가 잘 살았었구나!
각시가 고상을 참 많이 했구나!
허는 생각을 다시 해 본다.

젊은 사람들허고 살아 온 방식이 달라서
누가 옳코 나쁘고를 평헐 일은 아니제마는

앞으로 얼매나 더 정지 출입을
헐 수 있쓸랑가는 모르겟제마는
바까야 헐 일이 생깄다.

설거지를 누가 허니마니를 따질 거 없이
보는 대로 허는 걸로 낙찰을 봐야것다.

반가운 님

오밤중에
막걸리 한 잔 걸치자고 뜬금없이 찾아드는
넉살 좋은 님.

마당 가운데 와상 펴 놓고
달님 전등 삼아
명태 한 마리 뚜들고
막걸리 한 됫박 챙기 놓고
한 사발씩 받쳐 드니

슬그머니
울타리너머로 고개 내밀고 끼어 들던
넝쿨장미는 초장술에 취해 벌개지고

체면 채릴 것도 없고
폼 잡을 일도 없고
그냥 기분 좋게 술을 마시면

육신은
술상을 보듬고

휘늘어지는데

마음은
술독 속에서 벌거숭이로 뒤엉켜
하염없이 떠도는데

예고도 없이 왔다가
기약도 없이
별똥별처럼 님은 떠나지만

반갑기 그지없고
아쉬움이 절절하다

은행낭구와 털이범

엄동설한 진진밤이
보따리도 안쌌는디
새복닭도 울기전에
눈비비고 일어나서
저녁이슬 새복이슬
한테기씩 주모투고
봄볕한낱 땡볕한줌
주는대로 다모투고
하루종일 곧은다리
잠시라도 쉬보자고
지나가는 산들바람
잡아끄도 단나뿔고
폭풍태풍 모진놈은
지천시리 찾아드네
치고패고 내돌리는
오만해찰 전디냉깨
달님이랑 별님이랑
따둑따둑 달개주네

이주머니 설움담고

저주머니 추억담아
한볼테기 두볼테기
따복따복 모닥기리
금조만치 복주머니
주렁주렁 채워농깨
세상천지 믿을놈이
섯나치도 없다더만
백주대낮 뻘건날에
날건달들 거동보소
해란놈은 망을보고
달별들은 보초서고
산들바람 행동대장
돌개바람 돌격대장
앞세우고 뒷세워서
은행털이 나서는디
죽기살기 발악하는
은행낭구 만만찮네
끈질기게 벗타내는
은행낭구 못이기서
지나가는 뭉게구름
비님까지 섭외허고
남태평양 지나가는
태풍까지 불러대네

주라는놈 못이긴다
결국에는 다털맀네

은행털이 했다해서
은행썽질 안끝나네
있는썽질 없는썽질
있는대로 다모타서
손대는놈 욕보라고
옻칠까지 볼라놓코
보석컽은 알맹이는
똥푸대로 싸고싸서
매매숭카 놨는디도
독헌놈의 인간들은
옻칠꾼내 다전디고
살찐은행 개리내네
철갑겉은 은행껍딱
망치뻰찌 다불러서
뚜드르고 얼라감서
깨뎅이를 다벳기네
야들야들 보들보들
이리고은 속살보니
주태백들 미리부터
춤흘리고 지랄이네

기왕지사 주는겅깨
홀딱벗고 다주는디
거그다가 꼬챙이로
산적놀이 허지말고
맹그라준 정성알고
고이고이 보양허고
좋은친구 모시다가
귀헌음석 대접허고
동지섣달 진진밤에
좋은인연 이어가세

세상은~!
나가 주인공이랑깨~!

백학동 사람들

강 건너 되뚱허니 높이 솟은 지리산
강 하나를 새에 두고 맞채리 보고 서서
수만 년을 지냄서도
절대로 기 안 죽고
제자리를 지키온 산,
백운산!

백운산 동쪽에
산만큼이나 짚은 골이 있고
산만큼이나 높은 기질을 감추고
없는 덱끼 숨은 덱끼 이서진 골,
백학동!

그 속에서
올망졸망 산퇴까니랑 어울리서
산너물이나 뜯어 묵고
꼬랑에서 괴기나 잡아묵음서도
제 헐 지서리 다 허고 사는 사람들,

백학동 사람들!

새 아침

새 아침

첫닭이 울면

엄니는
도구통에 볼쌀 찌서
가마솥에 밥을 안치고

아부지는
쇠죽 솥에
쇠죽도 낄이고
군불도 때고

아그들은
뜨뜻해지는 구둘목에서
께으름 피우고 몽그작기리다가

밤낭구 검부적에 묻치온
쥐밤 타는 내금새에 뛰쳐나와
부젯가락으로 아궁이 뒤짐서

새 아침을 연다.

고향

젝제금
벌어 묵고 살라다봉깨
이저삐리고 살다가도

뜽금없이
개득허고 나먼
무답시

깨뎅이 동무들도 보고 잡고
늙으신 어무니도 보고 잡아
날 잡아 한 본 댕기오꺼나 허다가도

벌어 묵기가 바쁘다 봉깨
보돕시
명절 대목이나 되야
테까니 머 허덱끼 댕기오고 나먼

또
또
이저 삐리고 살제.

설맞이 허는 날

집집마다 도구통에 떡 치는 소리가 울리고
삼발이에 솥뚜껑을 디씨 놓고
부처리 부치는 내금새가 솔~솔 나기 시작허면
다른 때는 그렇게도 믹이도 껄떡거리던 아그들이
무답시 안 묵어도 배지가 불러지고
주뎅이가 실실 벌어진다.

설날 되면 입으라고
섬거장에서 사 와 농 속에 여 논
속에 스폰지가 들어 있는
나이롱 잠바랑 투가리 고무신을 생각허면
섣달 그믐 몸서리나게 추운 칼바람도
새 발에 피다.

서울로 돈 벌러 간 삼춘도 오고
부산 고무신 공장에 댕기는 누야도 오고
개땡이 삼춘은 머리에 지름이 번질번질허고
또순이 누야는 귀신 눈탱이를 허고
꼬칫가리 보른 주뎅이를 해가와도
모두들 반갑아 싸서 죽고 못 산다.

사람들은 잔치 헌다고 신이 났는디
도야지들은 초상 친다고 난리다.

도야지 모감지 따는 소리에 온 골이 울리고
칼질 잘허는 아재들은
금세 터럭을 벳기고 배때지를 갈라
넉넉헌 집은 한 다리씩 치끼 들고
없는 집도 톰박을 내서 국거리 정도는 갈라주고
대내장을 닥달해 갖고 한뎃솥에 안친다.

크댐헌 가마솥에 대내장을 옇고
물을 한 동우나 붓고 된장을 풀어 안치고
장작불을 한 부석 몰아 여 쌀므면
꼬름헌 창수내가 나기도 전에
된장방아 해 놓고 댓병 소주부터 까 갖고
술판이 시작된다.

설잔치는
시작허기 전이 더 걸고 후빽지당깨~!

성묘길

설날 아침이 되먼 새복 잠도 설치고
새로 맹글아 논 때때옷을 챙기 입고
조상님들이랑 할아씨 할무니부터 절허고
아부지 어무니헌티 세배를 올리고
힉헌 떡국을 한 그럭씩 묵고 나서
온 건석들이 성뫼허로 나선다.

할아부지 할무니 묏둥을 찾아감시롱
어른들은 여그는 몇 대 조 할아부지 뫼고
저그는 몇 대 조 할무닌디 해쌈시롱
잘난 조상들 자랑도 허고
그래도 뻴따구 있는 집안이라고
내력을 조근조근 갤차 준다.

철따구 없는 아그들은
뻴 지서리허고 따라 가다가 인자 알것냐? 허면
깜짝 놀래서 예~! 허고 대답은 잘해도
돌아서먼 금세 이저뻐리고
뒷년에 가먼 또 다시 갤추고
그럼시롱도 낫살이나 묵으먼

제복 사이로 족보를 뀌게 된다.

옛날 사람들은 먼 심이 그리 좋았던지
기냥 댕기기도 심드는디 송장까지 메고 와서
산뽁떼기에다가 묏둥을 맨드라 놔갖고
까끔 몬당을 몇 개씩 채 감시롱
쎄가 빠지게 댕기다 보면
무신 날이라도 비지땀이 나는디
해나 눈이나 비가 오는 날이먼
쎄가 놀놀허니 쌩똥을 싸게 된다.

그래도 높은 산몬당에 올라가서
매뚱 앞에 챙기 간 제물을 채리 놓고
복 많이 주시라고 큰 절을 허고 나서
매뿌랑에 앉아서 툭 터진 앞을 내리다 보면
여그가 참말로 명당자리라서
그 덕에 느그들이 잘 되는 거여~! 허시는
어른들 말씀이 그럴싸 허니 들린당깨요~!

정월 대보름

찹쌀에다가
서숙이랑 쑤시랑 밤이랑 대추랑 호박꼬지랑
맛내고 좋다는 거는 싹 다 다 여서 맹근 것이
정월 대보름 날 아침에 묵는 찰밥이다.

꼬사리 너물, 무시너물, 씨언헌 왁다지 국물
아그들도 한 모금 헐 수 있는 귀볼기술
조구나 서대 겉은 귀헌 괴기도
통잽이로 한 마리 뜯을 만큼 걸찍허니 채리서
조상님 전에 몬춤 채리 제를 올리고 나먼
온 식구가 둘러앙거 찰밥을 묵는다.

배지껏 묵고 나먼
인자는 더우 폴로 나갈 차례
누구를 섹이서 내 더구를 포까?
맨맷헌 사람들을 찾아서 샐팍을 나선다.

"환아~!"
의정시럽게 부르시는 아랫집 아지매 소리에
"예!" 허다봉깨 '아차!'다 시푼디

금새 "내 더구!" 허는 소리가 뒤꼭지를 때린다.

온몸에 뿔딱지가 나서
"내 더구!" "네 할아배 딱따구!"
아무리 소락떼기를 질러봐도 헛빵
금세 더구가 온 몸땡이를 근지르는 것 겉다.

케가 석자나 빠져갖고 집으로 돌아가먼
온 식구가 다 놀리는디
엄니는 "해 떳씅깨 개안타!" 험시롱
찰밥이나 얻으로 가랜다.

얼게미를 치끼들고 집집마다 돌아 댕김시롱
밥을 얻으로 댕기다 보면
아직참 일은 금세 이저삐리고
한 집이라도 더 댕길라고 발이 바뿌다.

백집 밥을 얻어야 된다다고는 허제마는
온 동네 다 모타도 반도 안됭깨
아직질 내돌다 보면 더 갈 디가 없고
다리도 아푸고 배도 촐촐해진다.

얻어 온 밥을 도구통 가세나

통시에 앉자 묵으먼
일년 내내 빙도 안 걸리고
재수도 좋게 된다고 많이 묵으라고 했는디

그런 것들이 전부 음석 개리지 말고
아무꺼나 잘 묵고 잘 삭후고
까탈없이 건강허게 잘 크람서
페 안나게 갤치는 사회교육이었능갑다.

나무꾼의 일기

맨 지게 가쟁이에
사나쿠 매뗑기를 물에 추자 걸고
메빵 새에는 깔쿠지를 빼딱허니 찡구고
쐬낫을 챙기서 숫돌에다가 멀금허니 갈아갖고
샐팍을 나서서 동무들을 챙긴다.

허연 서릿발이 흙을 이고 나와 있는 산길을
서걱서걱 볿고 깔크막을 채면
숨이 가파 헬떡헬떡허고
주뎅이에서는 허연 짐이
부락데기 켓짐 겉치 씩씩대고 나온다.

보돕시 까끔 몬당에 올라서면
온 세상이 다 발밑에 있고
황소바람이 귀싸대기를 내리 훌치제마는
입을 벌리고 한 모금 옹통지게 몰아 생키면
사이다보담도 씨언허고 단내가 나는 바람이
짜르르 허니 온 삭신을 내리 훑어 준다.

하도평상 긁어댕깨 깔쿠지질 헐 디도 없제마는

긁은 디 또 긁고 싸잽이에 잡치기로
착착 장을 짓고 아람을 재서
쌩솔깽이 밑잘개를 깔고 한 장 두 장 올리먼
한거리 때나 되먼 동동허니 한 짐씩 짊어진다.

산더미 겉은 나뭇짐을 엉가 지고
보돕시 어신 질을 내리 오는 나무꾼을
모진 놈의 바람은 이리 치고 저리 치고
밀칫다가 땡깃다가 용천병을 다 허는디
껄신만 잘못허먼 나뭇짐이 패딱 까져 삐린다.

간신히 몬당 질을 내리 와 바람을 피허먼
다리는 오토바리 탄거맹키로 후둘후둘 떨리고
어깨쭉지는 내리 앙글라고 허는디
엄동설한에 무신 놈의 땀은 그리도 나는지
눈이 씨리서 앞이 안 배긴다.

죽고 살고 앞사람 지게 가쟁이만 보고 걸어
한 목발 쉴 자리에 다야 되는디
삐딱헌 밭 언덕에 목발을 받차놓고
지게 메빵에서 어깨를 빼면
온몸이 공중으로 날아가는 거 맹키다.

몇 목발을 더 쉬 감시롱
용을 씨고 지고 와서
정지안 나뭇간에다 착 부라 놓고 나서
우로 한 그럭 밑으로 한 그럭 꽉꽉 눌리서
고봉으로 담아 주는 밥맛은
경개 없어도 꿀맛이당께~!

그 맛에 세상을 사는거제 이~!.

호박죽

밭두덕이나 남새밭 울타리 가에
봄에 구덕을 파서
거름을 한 옹구발씩 옇고 씨갓을 숭거
한여름 염천 더우를 전디고
가실이 되면 누렇게 살을 찌워 갖고
초겨울 무서리까지 홈빡 맞힌 호박을
옹구발로 져다가
마당 갓에 소복허니 부라 논다.

늦사리나 썬찮헌 것들은
질게 썰어서 빨랫줄에 널어 몰루고
잘 여문 놈들만 추리 갖고
말리 밑에나 정지간 구석에 챙기 놨다가
온 세상이 꽁꽁 얼어붙고
눈이 힉허니 내리는 삼동이 되면
다라진 숫구락으로 껍데기를 벳기 내서
호박 푸때죽을 쑨다.

큰 솥에 호박을 톰박톰박 삐지 옇고
물을 붓고 쌀가리를 풀어서

폴이랑 항꾼에 섞어 갖고
초근허니 불을 집히서 퍼자 노먼
뽈그댁허고 달작지근헌 푸때죽이
주뎅이가 짝짝 달라붙을 정도로
맛나게 맹글아진다.

아나 어른이나
크댐헌 양판에 한 그럭씩 퍼 조도
게눈 감추덱끼 묵어 치우고
동네 마실 한 바꾸 돌고 오먼
금새 출출해져서
장끄방에 도가지에 퍼 냉가 논
푸때죽을 또 챙기다가 묵어야 잠이 온다.

세상이 개명 됨시롱
맛낸 것들이 천지에 널리 있응깨
호박 겉은 거는 채리보도 않터마는
인자는 배들이 쬐까니 부릉깨
몸보신허고 묵어서 살 뺀다고
뵈기 싫다고 내삐릿던 거를
무장무장 더 챙기쌓는디
그중에서도 오니 일년 가차이
비바람 전디 감시롱 속살을 찌웠응깨

호박이 삭신에 좋은 거이사
두말허먼 새살이것제 이~!

짐장배추

염천 더우가 보따리 싸
대문간을 나서기도 전에

서둘러서 배추 모종을 키우거나
모종을 사다가 숭구거나

거름내고 밭갈고 따듬아서
공딜이 배추를 숭군다.

숭거만 놓코 나먼
여그서부텀은 하눌님 모가치

묵으라먼 묵는 거고
묵지 마라먼 못 묵는 거고

삼동이 가차바지먼
묵을 만큼 맹그라 주신 배추로

동구간이 못치던지 이웃끼리 못치던지
날잡아 못치서 짐장을 헌다.

대대로 이서 온 솜씨들로
오만가지가 들어간 양념을 맹그라

최고로 맛낸 짐치를 버무라서
도가지에 채운다.

땅에 묻기도 허고
응달에 모시기도 허는디

이 짐치가 온 삼동이 다 가도록
건석들 밥상을 지키 준다.

세상 어디에도 없는
예술음석 보약음석 짐치!

그 시작은 오롯이
배추씨 한 알!

뺑도리 치기

삼동이 되먼 동네 머이매들이
낫이랑 톱이랑 챙기 들고
동네 뒤 까끔으로 몰리가서
빤듯허니 잘 빠진 솔낭구를 개리서
잡치기를 해 와 갖고
쭉담 끄터리에 걸치놓고
한 놈은 솔낭구를 깔고 앉아 돌리고
한 놈은 낫을 들고 뿌렝이 쪽에 쪼굴씨고 앙거
연필 깎덱끼 깎아 뺑도리를 맹근다.

뺑도리가 맹글아지먼
대밭 갓에나 밭두덕에서 크는
딱낭구를 베다가 껍데기를 벗기서
대 작대기 매디에다가 얀다무치게 쨈매 갖고
뺑도리 채를 맹글고
뺑도리 밑구녕에는 못을 박아서
공~단겉이 따듬아 논 타작마당에서
뺑도리 채에 춤칠을 해 갖고 치면
뺑도리는 윙윙 소리를 냄시롱 돈다.

서로 자빠뜨리기 시합도 허고
누꺼이 오래 도는가
뺑도리를 돌리 놓고
뒤안 돌기도 험시롱
삭풍이 부는 삼동에도
꽁꽁 얼어붙은 얼음판 욱에서도
뺑도리 하나만 있으면
땀을 뻘뻘 흘림시롱 잘도 논다.

어른들이 장난감을 안 챙기 조도
제 손으로 공들이서 맹근 뺑도리는
온 삼동이 다 지내고
에릿냥 부릴 나이가 끝날 때까지
밤낮없이 항꾼에 사는 보물 중에 보물이다.

봄	을					
잘		달	개	야		
가	실	이		푸	지	제

삼동을 전디는 낭구들

깨뎅이를 홀딱 벗고
오지게도 징헌
시어무니 시집살이 만큼이나
매섭게 몰아치던 바람 때문에
보깡 옹그라진 낭구 가쟁이에는
봄이 찾아 들 구녕도 없다.

그래도 간간이 찾아오는 겨울비는
'죽어도 살아라!'
'죽지 말고 살아라!'
'좋은 시상이 시방 오고 있단다.'
생명수 겉은 빗줄기로
세파에 멍든 몸땡이를 몬치 줌시롱 달갠다.

겨울비가 한 본 두 본 댕기갈 때마다
낭구들은 먼디서 꼼지락거리는 봄소식을
"어디만치 왔냐? 당~당 멀었다!"
"어디만치 왔냐? 꼼디꼼디 왔다!" 하고
할무니 등거리에 엎지서
장 보러 간 어무니를 지다리는

젖멕이 아그들 겉치 지달린다.

찔기디 찔긴 명줄 만큼이나
가늘고 진 뿌렝이를
바굿뎅이고 송장 뻴따구고
틈새기만 있으먼 삐집고 들어가
상구 배기지도 않는 봄이 오먼
뺑그시 잇을 준비를 허고 초근허니 지다린다.

봄은
모진 삼동을 참고 젼디는 모든 생물들이
모가지를 빼고
보고 또 본대서 봄인가~!
근디 봄은 꼼디꼼디 숨어있다가
땅속 짚은 디로 살째기 들어와
나무 뿌렝이를 간지빡 태운다.

봄은
숨바꼭질 잘허는 개구쟁이 겉치
술래가 엉금엉금 찾는 새에
잽싸게 달리 와서 "찐~!" 해 삐링깨
겨울비가 오는 날의 숨바꼭질은
한참도 먼눈 안 폴고 지키도

맨날맨날 봄이 이기고 만다.

어메~! 봄땜시 사람 죽겄네~!

징허게 삼동 내내
삭신을 파고들던 징헌 바람도
시나브로 땅속 짚은 디서,
얼음장 밑 돌팍 새에서,
양달쪽 짠드박 뿌렝이 속에서,
먼 남쪽 하늘 끝 땅 끝터리에서,
새꼠이 속터럭 만큼 같잖던 봄 내금새가
슬금살짝 동장군 켓 속으로 들어가
깔짝깔짝 건드는 디는 전디지 못허고
"에치나!" 하고 재채기를 험시롱
배지에 숭카 논 봄을 내 팰타 놓고 만다.

졸지에 동장군의 재채기 바람에 튕기 나온 봄은
어떤 놈은 양달쪽 다무락 밑에서 졸고 있는
달구새끼 품안으로 뛰어들고
어떤 놈은 응달 꼬랑가에서 떨고 있는
버들강생이 눈 속으로 삐집어 들고
어떤 놈은 너른 벌판을 달림시롱
잠자는 풀뿌렝이를 들쑤시고 댕기고
어떤 놈은 낫살이나 묵은 가이내들

가슴패기를 잽싸게 훔치고 담박질을 친다.

온 천지를 들쓰시고 댕기는 봄의 등살에
달구새끼는 달구가리 한구석에
자리를 틀고 앉아 뼝아리 깔 채비를 허고
버들강생이는 솜털을 부시시 세우고 인나
응달 까끔에 잠자는 깨끗짱다리를 불러 깨우고
쑥부제미, 달롱개, 돌미나리, 씹은너물들은
봄비로 낯빤닥을 씻고 빼비작기리고 나오먼
처자들은 삭신이 근질근질해져 너물 캔다는 핑계로
꼬소쿠리랑 묵정칼을 챙기 들고 봄 사냥을 나선다.

따땃헌 봄볕은 가이내들 애간장을 태우고
살랑대는 봄바람은 처녀 가슴에 불을 질러 대고
아지랭이는 아롱아롱 멀리서 놀자고 손짓허고
쑥부쟁이 달롱개의 야들야들헌 속살은
몬치보기도 부끄라불 만큼 보드라분디
무답시 맴이 상허고 용심이 생기서
너물캐던 꼬소쿠리를 해딱 던지 뻬리고
흙내 폴폴나는 짠드박 욱에 누붕깨
무심헌 하늘만 뻐끔허니 내리다 보는디

"어메~! 사람 죽겄네 이~!!!"

봄을 잘 달개야 가실이 푸지제

동네 뒤 까끔은 깨끗짱다리꽃이
온 천지에 불바다를 맹글고
남새밭 가상에 숭거 논 개나리는
노랑물이 금방이라도 쏟아질 거 겉고
앵두꽃 벚꽃 이름 모를 풀남새 꽃들이
사방천지서 꼬시대는 봄!

봄 너물에 보리밥 한 양판 비비 갖고
볼테기가 째지게 묵으먼
배지는 남산만 해져서
따땃헌 말리 끄터리에 자빠지먼
백호야 날 잡아묵어라~! 허고
꼬시고 맛낸 낮잠을 자게 되는 봄!

늘어지게 자고 나도
해가 서 발이나 남아서
하나도 바쁠 거이 없고
허고 잡은 노락질 다 허고
데변장을 쥑이도
해가 남아도는 봄!

그래도
봄에 씨갓을 안 뿌리먼
가실에 고방에 열 거시 없당깨
시나브로 연장도 챙기고
세도 몰고 댕김시롱 질 디리고
슬슬 농사 준비를 허게 허는 봄!

늘쌍 찾아오는 봄

봄은
참말로 희안허다.

봄이 왔다는 기별도 없는디
주뎅이가 몬춤 알고 입맛부터 살아난다.

꽁꽁 얼어붙었던 땅을 뚫고
대가리를 내미는 남새들은
옹색헌 살림에서는 참말로 큰 밥도적이다.

먼 디서 아롱아롱
발도 없는 거이 서서
손도 아닌 손을 흔듬시롱
가이내 머이마들을 꼬시낸다.

지난 삼동 내내
온 세상이 꽁꽁 얼어붙고
북풍한설이 귓싸대기를 후리치고 내뺄 때는
참말로 인자 봄이 다시는 안 올랑갑다 싶더마는

죽은 덱끼 숨도 안 쉬고
싸납쟁이 바람의 해찰을 받음시롱도
가쟁이만 깐닥거리고 서서 전디던
낭구들도 인자 살판났다.

그래도 세상은 지달린 보람이 있다고
땅속에서 진기를 뽑아 올리서
낯빤대기에 보르고
해해거리고 서서
사람 애간장을 태운다.

일 없는 놈은 놀기 좋고
일 많은 놈은 일허기 좋고
바람난 놈은 연애허기 좋고
돈 많은 놈은 귀경가기 좋고
돈 없는 놈도 따시서 좋고

안 좋아허는 놈이 없능거 봉깨
봄은 참말로 천하에 소문난
황진이보다도 더 이쁜 기생인갑다.

봄은 이판사판잉겨?

봄이 옹깨
눈에 배기는 거는 싹 다 희안허게 고바서
찬찬허니 보고 있으면
조물주의 재주가 참말로 용타 싶다.

돌다무락 틈박에
밭두덕 풀무데기 속에
쬐깐헌 몸땡이를 숭쿠고 살던 제비꽃도
배시시 잇는 낯빤닥을 내밀고

찔룩낭구 밑에는
에미 닭이 품고 있는 뼹아리 거치
통통허니 살찐 찔룩이
입이 심심헌 아그들을 살살 꼬신다.

솔낭구 가쟁이를 뿐질라
꺼칠헌 껍데기를 한 까풀 베끼면
가이나들 오금쟁이 살보다 보드랍고 힉헌
송쿠가 쎗바닥을 환장허게 헌다.

근디
하늘에서 땅에서
까끔에도 갱물에도
봄을 챙기는 오만가지 생물들이
분칠허고 색칠허고 광내는 싼다구가
이참에 싹 다 털어 써 삐리고 나먼
암껏도 안 남으까니 겁나네~!

호박

밭언덕 밑에다가 크댐허니 구뎅이를 파고
똥소매나 쇠거름을 호빡 파다 옇코
흙을 덮고 호박씨를 숭군다.

해나라도 잘못 되는 놈이 생길 수도 있씅깨
넉넉허니 한 구덕에 서너 알씩 숭구는디
숭거 논 호박씨가 껍딱을 뒤씨 쓰고 올라오먼

싹수가 있어 배기는 놈을 개리서
한 두 개만 냉가 놓코
미련 안 냉구고 깔끔허니 정리를 헌다.

남은 것들이 제멋대로 원없이 뻗치가게 놔 노먼
호박 하나가 밭떼기 하나 정도는 다 덮는디
열매가 달리는 거는 하늘보기다.

너무 더버도 안 달리고
비가 많이 와도 곯아삐리게 됭깨
일찍 달리던지 늦개 달리던지 해야 헌다.

일찍 달린 놈은 늙은 호박으로 맹글고
늦게 달린 놈은 풋호박으로 쓰는디
많이 달리먼 몰라서 호박꼬지도 맹근다.

찬이 귀헌 철에는 잎싹을 따다가
데치서 싸 묵던지 전도 부치 묵는디
풋호박 너물로 밥 비비 묵는 맛이 젤이다.

가실까지 잘 여문 놈들은
따다가 웃목이나 고방에 재 놨다가
삼동에 죽이나 떡을 맹그라 묵기도 허는디

가실에 호박꼬지를 맹그라 몰라 놨다가
찰밥이나 시리떡 맹글 직에 여먼
들큼헌 맛이 일품이다.

부황에 약으로도 쓰기도 허던디
찹쌀가리 풀어 여서 끓이는 호박죽은
참말로 묵다 죽어도 되는 보약이랑깨요~!

칡

니가 어쩐다고 이리 징헌 놈이 되 삐맀다냐?

어찌다가 만내먼 쭐거리는 염셍이 밥헌다고 챙기고
뿌렝이는 끝까지 파 내 갖고
동숭들 군임석거리로 잘 써 묵었었제

강원도 꼴짝에서는
동우 맹키로 큰 칡뿌렝이들을 캐다가
갈고 걸러서 칡국시를 맹그라 묵기도 허던디

그래서 갈근이니 갈분이니 허는 말들도 생깄쓰껑깨
느그들이 인간사에 몸바친 공이 지대허다는 거는
동의보감을 안 봐도 모르는 사람이 베랑 없쓰꺼여

요새도 먼 질 댕기는 사람들 피로 풀어 준다고
질갓에 차 대 놓코 포는 칡즙으로 갈증도 풀었는디
네 신세가 왜 이리 천덕꾸레기가 되 삐맀쓰꺼나

이쁜 꽃도 있고 맛난 뿌렝이도 있고
몸에 좋타는 약성도 허준 선생헌티 다 받아 놨는디

왜 이리 사람들이 징해라 허까 이~!

오지 마라고 내빼는 놈은 기테이 쫓차 댕기고
좋아라고 달라드는 놈은 무서라 허는 거 맹키로
너무 대놓코 좋아라 해서 긍가?

사방천지 산천에 눈 가는 디마다 안 배기는 디가 없고
니헌티 걸리는 놈은 뻴따구도 못 추리게 허는디
어느 누가 널 좋아라 허것냐!

뻘바닥의 거머리 맹키로
아무 놈이라 조아라 달라 들지 말고
니 이뻐다고 찾아 주는 고분 손만 지달리먼 안 되까?

참칡 아닌 대칡도
뿌렝이 끄터리 단물이 다 우러나올 때까지
씹고 뽈고 허던 그 시절로 가먼 안 되까?

무단허니 질바닥으로 기 나와서 칙칙허니 삼서
시도 때도 없이 모감지 짤리지 말고
본래 니가 살던 산으로 가거라!

거그서 옛 추억 씹음서

단물이나 찐허개 뽑아 보자꾸나~!

장마도
있어야
산당깨

못자리 맹글기

봄새 날이 가물다가 비라도 한 줄금 내리먼
달뱅이 농사를 짓는 집은
건석들을 있는 대로 내몰아
빼싹 모른 논에 물 잡으로 나선다.

거년 가실에 갈아 눕히 논
문지가 풀풀 나던 논배미에
쬐깐이라도 더 물을 잡을라고
논두덕을 얀다무치게 해 부친다.

꽹이로 흙뎅이를 쪼사 깨고
물에 잘 버물러지게 발로 이기서
홍천골 뻘 맹키로 맹글아 갖고
실지게 논두덕을 해야
한 해 여름농사를 맘 놓고 헌다.

쥐구녕 한 개도 엄씨
번들번들허게 흙을 볼라 물을 가다서
못자리를 맹그는 일은
세를 대기도 어중간헝깨

천상 손으로 쪼물딱기리야 헌다.

세 대신 온 논배미를 쫒고 이기고
뻘조백이가 되서 논을 골라노먼
온 삭신이 쑤시고 애리고
비 맞은 몸땡이는 한기가 들어
으실으실 추버서 구둘막 생각이 절로 나제마는
나가 안허먼 누가 이 징헌 놈의 일을 허까?

쎄가 빠지게 일을 해 놓고
어스름판에 샐팍을 들어서서
고봉밥 한 그럭으로 배를 채우고
막걸리 한 사발로 몸을 달갬서
어글어글허는 삭신을 구둘막에 뉩히먼
그래도 또 하리가 넘어간다.

골벵이 들고도 날만 개면 낙종헌다고
씨나락 당가 농걸 건지 물 빠자서
아랫목에 묻어서 싹을 터자 갖고
바람이 잘푹헌 날 판지서 허치 놓고 나먼
못자리 농사가 반농사라고
보둡시 한숨 돌리게 되는디
묵어 자빠진 밭뙈기는 언제 닥달허까 이~!!

보리서리 해 봤소?

어무니 모르게
정지에 있는 통성냥을 갖다가
껍떼기를 쬐까니 째고
성냥 꼬타리 몇 개피를 꼬불치 갖고
동무들이랑 우~ 못치서
보리 꾸 묵으로 간다.

놀맹허니 익어가는 보리를 개리서
낱낱으로 끊어 모투기도 허고
낫을 가지고 각단지게 베서
한아람씩 챙기기도 허는디
젝제금 재주껏 보리를 챙기서
꼴창에 있는 밭언덕 밑으로 모인다.

모른 솔깽이를 끙커 오고
검부적을 긁어 모투고
도랑에 궁구라 댕기는 불쌀개감을 모타서
한 무데기 주다가 동동허니 싸 놓고
온 심을 다 해서 불을 댕기 붙친다.

몰래 찢어 온 성냥곽 껍데기를
손톱 욱에다가 납닥허니 펴고
떼거지들이 삥 둘러 바람을 개라주먼
살짝허니 성냥알을 쳐서
꾀지게 불을 붙인다.

불이 몽실몽실 피 오르면
젝제금 보리단을 한 주먹씩 치끼들고
불이 싼디로 엥기 감시롱
각단지게 돌리서 보리를 꿉는디
모가지가 언능 안타야 고르게 매 꾸진다.

보리 까시락이 다 타고
보리 모가지가 떨어지먼
불을 한쪽으로 밀치놓고
넘 눈치 볼 것 없이
뜨거분 보리 모가지를 개리 낸다.

손바닥 욱에 댓모가지씩 올리놓고
양 손바닥을 오마서 살살 비비먼
보리알이 까지는디
이 손 저 손으로 붐시롱 엥기먼
껍데기는 날리가고 보리알만 남는다.

통실통실허니 쌀찐 보리알을
한 아구지 털어 옇고
옴줄옴줄 씹어대면
재내 불내 보리 내금새가 어우라져서
꼬소롬헌거이 꿀맛 겉다.

불에 타준 것을 맨손으로 비비 댕깨
손바닥에 껌장이 묻는 것은 말헐 것도 없고
그대로 주뎅이에 털어 영깨
주뎅이고 낯빤닥이고 각단지게
껌장칠을 해서 껌뎅이가 된다.

어줌잔이 주 묵고 배지가 부르먼
문뎅이 보리 비비묵는 숭도 내고
손바닥에 묻은 껌장을
앞엣놈 낯빤닥에 디리 문때서
주뎅인지 눈탱인지 모를 지경이 된다.

배지껏 주 묵고 나먼
껌장이 쌔카맣게 묻은 손으로
조쟁이를 내 잡고
모닥불에 쬐끔 남은 불씨 욱에다

씨언허니 싸갈기는디
재내 보리탄내 찌린내가 범벅이 돼서
짐이 몽실몽실허니 나는 거를 봐 삐리야
보돕시 자리를 털고 일어선다.

어둑어둑해서 집에 들어가먼
보리 꾸 묵지 마라고 쎄가나게 단속을 허제마는
아그들 귀에는 쇠귀에 경 읽기라
비만 안 오먼 또 그 자리에 못치서
니 주 묵는다고 잿검부적을 헤빈다.

모 숭구기

모 숭굴 철이 되먼
첫 닭이 우는 꼭두새복부터
품아시꾼들이 논빼미에 모여들어

모꾼들은 모를 찌고
모애비는 모를 빌리고

줄꾼들이 줄을 잡으먼
모꾼들이 손을 맞추네.

흥을 돋구느라 소리를 해감시롱
너른 뻘바닥에 모폭시를 꼽으먼

아재 조카도 자~!
애비 자식도 자~!

일을 허는건지 장난을 허는건지
모애비 붕알만 달랑달랑

해 떨어지고 허리를 편깨

오지게 너르던 논빼미가
그믐달만큼이나 남았네.

땅헌티는 거름이 보약이여~!

한더우에도 쉴 짬 없이
온 까끔을 싸댕김시롱
싸잽이로 쇠깔을 베다가
쇠 밑에 볼피고
도야지 밑짤개로도 깔았다가
찬바람이 살랑거리먼 거름을 앵긴다.

쌩풀이나 덜 볼핀 거름은
똥소매를 찍뜨라 감시롱
한 제끼 두 제끼 착착 볼바서
거름 벼늘을 동동허니 재 노먼
거름뜨는 내금새가
쇠갈비 꿉는 내금새보담도 더 구수해
밥 안 묵어도 속이 든든해 진다.

잘 삭은 거름을
소시랑으로 파서
산태미에 담아 옹구발에 징가 갖고
뒷골 무시밭에도 한 짐
소잿물 논배미에는 두 짐

참거름을 깔아 뒤씨 놓면
땅도 심이 나서 곡식을 옹통지게 달아낸다.

이렇게 공들이서 가꾼 땅에다
각단지게 씨갓을 옇고
제 철에 키워 낸 생물이라야
맛이 제대로 나고
지름기가 자르르해서
조선 사람은 이런 걸 묵어야
제대로 뱃심이 나게 되는 거이다.

고향에 오는 여름

시방 고향에는
정기나무에서 신나게 울어대는 매미 소리가
오지게 뜨거분 땡볕을 몰아내 주고
제 아무리 덥어도 정기나무 밑에만은
찬바람이 씽씽 불게 헝깨
낮잠이 절로 꼬시깨 오네이다.

시방 고향에는
온 천지 산천이 다 씨레기장이 돼서
깨뎅이 벗고 들어갈 또랑 하나가 없어도
엔데미 꼬랑으로 쬐끔만 들어가먼
간이 벌렁벌렁 허게 씨언헌 둠벙에
몰강물이 철철 넘어 흐릉깨
백두산 천지 말고는 불불거이 없네이다.

시방 고향에는
나갈 사람 다 나가뻐리서 널직헌 울 안에
네댓 마리씩 나 믹이는 달구새끼, 개새끼가
배지껏 주 묵고 살이 미지게 쪄서
지름이 자르르 흐르고

윤이나서 반들반들허니 돌아댕깅깨
복날만 지다리고 있네이다.

시방 고향에는
오녀름에 오지게도 땀을 흘리게 허던
논 맬 일도 없고
철나무 허고 쇠깔 벨 일도 없응깨
모시 등지개에 빳빳허니 풀을 믹이서
시언허니 대라 입고
해나 땀 날까니 기동도 안헝깨
요새 겉으면 개팔자나 사람 팔자나
허천나게 늘어졌네이다.

시방 고향에는
백운산 꼬랑에서 흘러내린 동삼 우라낸 물이
수어천 괴기들을 얼매나 살을 찌워놨는지
수어천 물이 모지랠라고 헝깨
요놈들 몇 마리 잡아서 호박 새끼나 삐지 옇고
고추장 풀고 방앗닢이랑 젯피가리랑
매움헌 풋꼬치를 썰어 여서 뽁짝뽁짝 낄이면
기냥 소주 댓병이 막 비서 나가네이다.

시방 고향에는

객지에 나가서 고생허는 동무들이
올여름에나 한본 댕기 가까니
매실주랑 동동주랑 당가 놓고
씨암탉 애끼 놓고 고향 지킴시롱
저무나 새나 지다리는 동무들이
시방도 어즘잖이 남아 있응깨
무답시 동해니 서해니 몰리 댕김시롱
쎄가 오댓 발이나 빠지깨 욕만 보지 말고
고향 갱벤을 찾는 것도 괘않을 거그만요.

더듬질허기

땡볕이 무작시럽게 뜨거분 한낮에는
정기나무 그늘 밑에서 자빠져 자던지
안 그러면 깨구리 방천에라도 나가서
씨언헌 물속에 삭신을 담구던지
더우를 피해서 나부대야 헌다.

방천이나 꼬랑에서 물장난을 허고 놀다가
심심해지먼 괴기 잡이를 허는디
낚숫대나 쪽대가 따로 없어도
꼬랑마다 괴기가 허천나게 많응깨
맨손으로 더듬질해 괴기를 잡는다.

꼬랑이나 방천 갓에 풀속을 찾아서
양손을 벌리고 살금살금 더듬어 들어가먼
미련헌 괴기들이 주구 집 짓는 줄 알고
손바닥 안에서도 꼬랑뎅이를 흔들고
도망도 안 가고 논다.

가만히 괴기들이 노는 걸 잔 전자서
잽싸게 텀치서 괴기를 잡는디

몇 번은 떨가감시롱도 끈덕지게 배워
손에 감이 익어져야
바구 밑에 괴기도 잡을 수 있게 된다.

붕어, 잉어, 메기, 가물치…
지름이 좔좔 흐르는 놈들이
손재주만 좋으면 몇 낌지씩 잡는디
잘 잡다가 해나 한 마리나 떨가 놓먼
"에이 씨! 한 발이나 되는 거였는디!"
떨군 괴기는 항시 커진다.

잡은 괴기는 버드나무 가지에
아가미를 끼던지 풀폭시에 싸서
신나게 흔들고 오는디
노는 디 미쳐서 쇠깔을 안 벤 날은
집구석에 들어가도 못허고 쩻끼난다.

아부지헌티 쎄가나게 소리 듣고
까딱허다가는 밥도 못 얻어묵고 쩻끼나는디
어무니는 배곯고 자는 새끼 생각에
애가 터져서 밥도 못 묵고
아부지가 잠이 든 뒤에사
부떡에 덮어 논 밥상을 챙긴다.

한여름날 불청객 쏘낙비

땡볕이 쨍쨍 내리찌는 한더우에
뜬금없이 하늘이 새캄해짐시롱
먹장구름이 몰리오먼
덕석에다가 보릿가마니나 널고
꼬치나 너물새라도 널어놓고
자울거리던 할매들은 혼이 나간다.

빨리 안 치우냐고 뇌숭벽력을 침시롱
소낙비가 달리오먼
달구새끼들은 더 정신없이 쏘대고
온 동네 사람들이 다 달라들어 갖고
보돕시 모닥끼리서 의지 안에 주여놓고 나먼
간짓대 겉은 장대비가 쏟아진다.

금세 짚시락끄터리에서 떨어진 빗물이
꼬랑으로 모이고
꼬랑물은 제 세상이라고
고함을 침시롱 내리달리먼
달뱅이 농사를 짓는 아재들은
해나 방천이라도 날까니

물끼 낮추니라 정신이 없다.

그래도 돌탱자만헌 아그들은
땀뚜데기 쥑인다고
홀랑 깨를 벗어부치고
겂도 없이 소낙비 속을 쫒아댕기다가
주뎅이가 시퍼러니 옹그라 들어갖고
군불 때 논 아랫묵으로 파고든다.

한더우에 소낙비가 한줄금허먼
간이 다 시원해지고
모기 겉은 물것들이 없어징깨
좋기는 좋은디
해나 큰 물이나 지먼 난리가 낭깨
그거이 젤로 탈이제.

장마도 있어야 산당깨

보리 베고 타작허고 모 숭구니라고
쎄가 나게 욕 봤응깨
인자 쪼까니 쉬라는 건지
오지게 비도 내리는디
촌사람들헌티는 하늘이 주는 휴가다.

논두덕은 야무딱지게 해 붙이 났응깨
해나 방천 날 일은 없고
보리방애라도 찌서
두지에랑 채동우에랑 쏘복허니 재 났응깨
세끼 배는 안 곯을거고

모른 솔깽이랑 장작벼늘을
정지간이 빡빡허게 재 났응깨
군불이나 한 부석 고래 구녕 밑에 밀어 여 놓고
따땃헌 아랫목에 누서
이리 뒹굴 저리 뒹굴 께으름만 피운다.

허는 일은 없어도 소화는 잘돼
입이 짭짭해지면 주전버리 감으로

남새밭에 소풀을 한 주먹 베고
약 오른 풋꼬치 몇 개 따다가
밀가리를 풀어서 전을 부친다.

삼발이를 세우고 솥따까리를 뒤씨 놓고
들지름 볼라 감시롱 전을 부치먼
부떡에 걸치 앉아 나오는 쪽쪽
주 묵는 손들이 많응깨
찬찬허니 매매 익훌 여개도 없다.

남정내들은 동청에 모이서
골패도 치고 데리도 허는디
달구새끼라도 한 마리 복치는 날은
물을 한 동우나 붓고 닮을 우릉깨
건데기는 보이도 않제마는 온 동네가 후뻑지다.

저무나 새나 노락질허고 놀다가도
해가 살포시 구름 새로 나면
남정네들은 쇠깔 베로 나서고
왼내들은 꿉꿉헌 서답이라도 몰루것다고
젝제금 집으로 종종걸음을 헌다.

연꽃

뻘바닥 속에다가 뿌렝이를 박고 삼서도
세상 시름은 하나도 없는 거 맹키로
고분 꽃을 피우는 것도 신기헌디…

부지런허기는 울아부지보다도 더 부지런해서
나가 눈도 뜨기 전에 이뻐깨 단장허고
보석 겉은 이슬을 물고 인사를 헌다.

아직질 한나잘 고분 모습을 내 배기다가
정때는 피 논 꽃잎들을 다시 접어 옇고
잠꾸러기 미인처럼 낮잠을 잔다.

뻘속에 삼시롱도 뻘 칠 안 허고
물속에 삼서도 물에 안 젖는
참말로 희안헌 삶을 살아가는 연꽃~!

적당허니 꽃 피는 시절이 지나면
씨든 잎싹 하나도 안 흘리고
고이 수장 시키서

영원히 고분 모습만 냉기기 땜시
절대로 미버헐 수 없는 꽃~!
연꽃~!

백중 부처리

음력으로 칠월 보름, 백중날이 되면
떡허고 부처리 부치고
도야지 잡고 너물새 볶아갖고
조상님께 제사를 지내고
이웃간에 의도 좋게 갈라 묵는다.

섬거 장바닥에는 씨름판이 벌어지고
아그들 씨름부터 시작헌 판이
뱃가래나 송치라도 걸린 상씨름판이 되면
씨름허는 사람보담 귀경허는 사람들이
더 심을 쓰고 오금이 저린다.

술은 동우채 나오고
막걸리 사발이 뱅뱅 돌아가고
북 치고 장구 치고 깽매구를 침시롱
우리 편 이기라고 응원을 해 대면
귀경꾼은 흥이 나고 씨름꾼은 심이 나서
부락떼기거치 콧짐을 씩씩 붐시롱 용을 쓴다.

상씨름 판에서 장사가 되면

상일꾼 대접을 받고
심센 머심들은 새경도 많이 받게 되는
백중 씨름판은 촌사람들 설로
더우 묵은 삭신을 보신허고
심을 모타 갖고 참말로 심써야 허는
가실농사 준비를 허는 날이다.

인자는 백중이 돼도
막걸리 당그고 부처리 부치는 집도 없응깨
좋은 시절, 좋은 명절 한 개
이저삐리고 만거제 이!

'중에 처리가 뭐~게?'
'백중에 부처리~!'

가실 나들이

벌초가 뭔 줄 아요?

참말로 세상은 돌고 또 돈다!

잘난 분이나 못난 놈이나 개릴 것 없이
앞서거니 뒷서거니 모지락시럽게
도시로 대처로 싸 짊어지고 나갈 때는
그 축에 못 끼는 놈은 사람도 아닌 거 겉애서
늘쌍 케가 석자나 빠져 갖고
땅이나 파고 제사나 모시고
먼디 까끔에 있는 뫼뚱에 벌초나 험시롱 사는
팔자로 타고난 줄만 알았는디,

인자는 싹 다 빠질 대로 빠져 삐리농깨
뫼뚱에 벌초헐 사람도 안 냉가 나서
추석이 쬐까니 가차바지면
쬐끔이라도 조상님들을 생각허는 집안이라먼
날 잡아 벌초허로 나서는 일이
뜽금없이 큰일이 되삐리고 말았다.

품싻을 주고 놉을 사기도 허고
어중잽이 낫질로 풀을 쥐 뜯기도 허다가

인자는 풀 베는 기계를 장만해 갖고
까끔마다 산뽁떼기마다
매뚱에 벌초허는 소리가
오녀름에 매미우는 소리보담도 더 쟁쟁허다.

낫을 멀금허니 숫돌에 갈아 들고 기계를 메고
삼촌, 조카, 아재, 할배, 떼로 몰리 댕김시롱
깔크막도 타고, 끌텅, 까시쟁이에 찔리고
땡삐, 바다리에 쌔기감시롱도
공단거치 얀다무치게 봉상을 따듬고 나먼
비지땀 흘린 양 만큼이나
조상님들 아짐찮은걸 명념허게 된다.

힘세고 고집 센 조상님들일수록
오살나게 높은 산뽁떼기에다가 뫼를 써서
질도 없이 묵어 자빠진 산천을 헤매다보먼
한 본 댕기 오고 나먼 쎄가 놀놀해 지는디
그래도 항꾸내 우접해서 댕길 집안이
있다는 것 만으로도 신간 펜헌 일이다.

몬살것다고 내뺀 고향을
몸서리난다고 패대기친 고향을
그래도 낫살이나 묵으먼

개득허게 되고 댕기가게 되는 것은
젝제금 탯자리가 땡기는
뭐가 있기는 있는 모냥이다.

"뭐땀시 고향이 좋다요?"
"기냥~! 매갑시 좋탕깨~!"

벌초를 험시롱~!

조상님들 모시 논 뫼뚱을 벌초허는 일은
머리를 깎는다는 마음으로
참말로 한 폭시 두 폭시 정성스럽게
낫으로 베던 시절에는
예취기로 벌초허는 사람을
근본도 없는 쌍놈들이라고 했다.

근디
그런 생각도 잠시
온 산천에 예취기 소리가 진동을 허먼
추석이 가차바지는구나 헐 정도로
벌초허는 주말이 정해질 정도로
부지런허니 댕기던 것도 잠시…

시방은
누가 우리 뫼뚱 좀 비 줄라요?
허는 거는 양반이고
내 선산이 어딘지도 모르고 사는 세상이
코로나 맹키로 뻗치고 있제마는
아무도 욕을 못 헌다.

나도 나 살아서야
조상님들 뫼뚱을
어찌 비도 비 내것제마는
나 자석들헌티 비라마라 헐 처지가 아닝깨
나 가기 전에 어찌 정리를 해도
허고 가야 헐 판이다

나 간 뒤까지
미리 걱정헐 일은 아닌디
하도 시상이 용천병을 헝깨
그때는 어찌 배낄랑가는 모르것제마는
허고 자분 지서리 다 허고
살만큼 살다 가는 겅깨 아까불 거시 없제

어차피 다 꼬시르는 시상인디
나만 용가리 통뼈라고
묻어 달라고 헐 수도 없는 일잉깨
살아생전 맙대로 못 댕기 본 시상을
죽어서나마 원없이 댕기 보고로
보드란 가리로 뽀식아 갖고

높은 언덕 욱에서나

-욕심은 백운산 뽁떼기 아니면 매선바구
너른 바닷갓에서
-욕심은 태평양 아니면 섬진강
훌훌 뿌리 주라고 허고 자분디
그거는 제대로 해 주것제 이~!

올개심니 묵는 날~!

오지게 옹색했던 시절에는
가실헐 철이 제대로 되기도 전에
챗동우에 쌀이 떨어징깨
양달배미 오나락을 너댓뭇 베다가
홀태를 채리놓고
나락 모감지를 훑는다.

쌩나락을 가마솥에 쪄서
물을 뺀 담에
덕석에다가 널어 몰라 갖고
도구통에 담아 도구때로 찌서
쳉이에다가 까불먼 올개쌀이 된다.

도구통 옆에 붙어 서서
껄떡기리는 아그들을
한주먹씩 쥐 조서 달개 놓고
공들인 밥을 지서
제일 몬춤 조상님께 뫼를 올린다.

올개쌀로 맹근 밥은 어찌나 꼬신지

경개없이도 한 양판씩 묵을 수 있고
쌩쌀을 한볼테기씩 주뎅이에 옇고
옴줄옴줄 춤에 불라 감서 씹어 묵으먼
세상에 이리 맛낸 거이 또 있으까 이~!

갱조갯국

가실 일이 끝나고 한갓지게 되면
갱주개 소쿠리를 챙기 갖고
양철 동우를 이고
동네 아지매들이 모이서 개발을 간다.

선개 앞에나 숭애쏘 갱번에서
대소쿠리로 모새를 파서 치면
잔 모새는 빠지고
굵은 갱조개가 남는다.

물이 써는 물때에 맞차서 시나브로 잡으먼
자잘헌 갱조개라도
어즘잖이 잽히서
젹제금 한 동우씩 이고 돌아온다.

소금물에 당가서 허래를 빼내고
백솥에 안치 놓고 홀랑허니 물을 붓고 쌂므먼
갱조개 주뎅이가 제질로 벌어져서
얼게미로 치먼 알만 솔솔 빠진다.

갱주개 쌂은 국물을
기냥 묵어도 맛내고
간간허니 간이 맞아 영판 씨언헌디
간간히 씹히는 알갱이 맛도 기똥차다.

건데기를 건지내 갖고
호박새끼나 썰어 옇고
막걸리식초로 초집을 해서 묵으면
참말로 환장허게 맛내당깨요~!

가실 나들이

저번 굉일날
아들내미 두 놈을 덱꼬
왼데미 꼴짝으로 단풍놀이를 갔네.

텅 빈 완행버스를 타고 갔더마는
노작기림시롱 꼬랑꼬랑을 돌고 돌아
지제비까지 강깨 종점이라네.

망구에 바뿔 거이 없응깨
짜박짜박 걸어서 왼데미로 가는디
까끔은 온통잽이로 불타고 있었네.

진상 사람들의 젖줄이 되는 몰강물이
돌팍 새새에서 나와
골마다 둠벙도 맹글고 폭포도 맹금시롱
한참도 안 쉬고 흐르고 흐르네.

반반헌 바구 욱에 자리를 잡고 봉깨
쉴새없이 조잘댐시롱 흘러가던 물이
쪼까니 숨 돌리는 자리에는

불타는 까끔이 빠져 있었네.

새껭이 가지를 주다가 모닥불을 피워
잉그락불에 라면 한 봉다리 낄이 묵고
찹찰헌 바구에 팔자좋게 누워 있응깨
아들놈들이 양팔에 한 놈씩 앵기는디
세상에 불불거이 없었네.

눈이 시리게 마알간 하늘에는
쐬깐헌 구름 하나가
동무가 없어 심심헌지
말, 개, 호랭이, 곰…
만들기 놀이를 험시롱 놀더마는
내 아들놈들도 꼬시서
항꾸내 덱꼬 놀았네.

쐬주 한잔 마싱깨
하늘이 내리오고
쐬주 한잔 마싱깨
단풍이 우수수 밀려들고
쐬주 한잔 마싱깨
쐬주가 물인가
물이 쐬준가 각단이 안 서네.

술에 취해 붉은 건지
단풍에 취해 붉은 건지
얼큰해진 낯빤닥을
지나가던 산들바람이
볼테기를 비비고 가는디
양귀빈뽈시로 이리도 보드라봤쓰까?

이리 존디를 모르고
뭐땜시 기를 쓰고
바글대고 씨끄러분 디로만 가는지
통간에 알다가도 모를 일이네.

'세상천지에서
시방 나보담도 더 부재가 있으먼
나와 보더라고!'
호랭이 없는 산중에서
퇴까니 노릇 실컷 허다가 왔네.

노랑 조구 한 마리

밥솥에 짐이나고 밥이 넘으면
아궁지 속에 있는 벌건 잉그락불을
부젯가락으로 긁어내서
석쇠를 놓고 조구를 꾼다.

찬찬허니 디직기리 감시롱 꿉는 조구가
놀맹허니 꾸지고 꼬신내가 나기 시작허먼
접시에 담아 양념장을 볼라서
상 가운데 놓는다.

남산만헌 보리밥 그럭들을
아나 어른이나 하나씩 맡아 가지고
쭉쭉 찢은 지 가닥이나 걸치서 묵다가
조구 꼬랑뎅이라도 배기면 수선스러버진다.

아부지는 어두진미라고 대그빡을 떼 가고
어무니는 가운데 똥가리를 덜렁 들어
할무니 밥그럭에 놈시롱
"아그들 주지말고 언능 잡수시이다."

손주놈들은 묵고잡아도
죽엄니 눈치만 실실 보고 있으먼
할무니는 까시를 볼라 낸 살덤벵이만
손주놈들 숫구락에 언지 줌시롱
"아나 많이 묵고 언능 크거라~!"

아그들은 게눈 감추덱기 씹어 도시고
아부지는
"그래쌍깨 아그들 버릇이 무장무장 나빠지요,
느그들 그만 묵고 할무니 자시라 해!"

그래싸도 살점이나 붙은 건
손주들이 다 묵고
할무니는 뺼다구에 붙은 살로
보돕시 맛만 보는디

어무니는 제대로
괴기 맛도 몬보고
접시에 묻은 장만 찍는다.

전어 한 마리

귀 떨어진 상우에
전애 한 마리,

"어머님 잡수시이다."
며느리가 밀어 디리먼,

"아가! 괴기 묵어라!"
손주놈 밥그럭에 한덤벵이 덜렁 올리주고,

"엄니! 아그들 버릇 나빠지거만~"
아들은 또 괴기 그럭을 할무니 앞으로 밀고,

손주놈은 묵고 잡아도 죽 아부지 눈치에
짭은 무시 쪼가리만 뽈고,

디포리만헌 전애 한 마리가
밥상을 돌고 돌다가

식어 빠져 갖고
정지로 남아 나간다.

없는 집 밥상에 찬은 없어도
오두고 감싸는 정이 많응깨

새끼들도
알토란거치
차돌맹이거치
탱글탱글 여문다.

달님

오막살이 초가집에 살다 보먼
찬바람이 쌀랑해지고 밤이 질어지다 봉깨
자다 인나서 바깥바람 쐴 일이 생긴다.

방문을 열고 나가 쭉담에 불을 썼더마는
온밤을 꼬빡 새고 맨발로 밤질을 가던 달님이
살쩨기 나 털신에 발을 옇고 녹후다가
화들짝 놀래서 전등불 뒤로 숨는다.

거~ 참~!
기냥도 잘 배기는디
무답시 불을 써서 달님을 놀래게 했그마 이~! ^^

	항	꾸	내			
		가	면			
		될		것	을	

귀빠진 날

제 혼차 세상에 난 거 같고
이녘만 자식을 난거 거치
쥐뿔도 아닌 것을
오살나게 생색내는 날!

귀빠진 날!

하기사 하늘 땅 안에
지가 있어야 세상도 있제
나 없는 세상이 먼 소용이껑가
긍깨 다 제 잘난 맛에 사는거제.

근디 세상 만상에
싹 다 왕이 되고 잡은 놈 빼긴디
인심 한번 씬다허고 이 세상 천지에
혼자 띵가 놔도 오지고 좋으까?

지랄병도 덕석 피 노먼 안 헌다고
첨앤 오져싸서 혼차 깨춤을 출랑가 모르것제마는
쌈도 말기는 재미에 허고

오입질도 숨어서 헐 때 재밌다고
난중에는 미치고 환장을 해서 자빠지것제.

세도 몬허게 쌨고 쌘 별 중에
너르고 너른 세상에
오지개 진 세월 중에
해필 뭐땜시 이 날, 이 때,
이 자리에 떨차 놨는지는 모르것제만
참말로 아짐찮고 오진 날!

내 귀빠진 날!

동태 따라 도는 인생

집에서 쓰던 양철동우 테 빠진거나
뚜껀 철사로 똥그람허니 만들거나
대를 쪼개 영꺼서
동태를 만든다.

대작떼기나 굵은 철사를 꼬부라 맹근
동태 작데기로 동태를 궁굴먼
동태는 뱅뱅 마당을 돌고
동태를 따라 하늘도 뱅뱅 돈다..

샐팍을 나가 골무삭을 달리고
논두덕 질을 지나 방천질로 달리면
동태도 신이 나서 자빠지지도 않고
잘도 궁구라 간다.

여러 가지 동태 중에서도 참말로 좋은 거는
자전차 발통으로 만든 동태로
주부나 살대를 빼낸 홈타구에
매끈매끈헌 작데기를 대고 궁굴먼
엔간헌 바구도 차고 넘어간다.

동태를 안 궁굴 때는
동태랑 작데기를 고무줄이 이서 갖고
공중에서 뱅뱅 돌리는 재주는
쎈찮헌 아그들은 못허고
요새 유행허는 요요 돌리는 거보다
몇 배나 재미나고 신나는 놀이다.

학교에 감시롱 궁굴고 가고
집이 옴시롱 궁굴고 달링깨
동태따라 달음박질을 치던 아그들이
혹간에 꼬랑창에도 처백히고

엎어져 물팍이 깨지고 대그빡이 터져도
씩씩 한 본 문때고 나먼 씽씽허고
질바닥에 차돌거치 뒹굴고 크는 아그들이라
여물기도 땡글땡글헌 차돌 겉다.

대낭구 짝수발 타기

지댐헌 간짓대를
제 키만큼이나 되게 짱글아 갖고
물팍 높이나 되는 자리에다가
쬐깐헌 작때기를
대작데기랑 엇가새지게 대서 매매 쨈맨다.

사나쿠 똥가리를 갖다가
해나 밑으로 안 훑터지게 물칠을 해서
얀다무치게 쨈매서 두 개를 맹글면
아그들 노락질 거리로 댓빵인
죽마라고 허는 짝수발이 된다.

간짓대를 저드랑이 밑에 찡구고
짝수발에 욱에 올라 서서 걸으먼
황새가 물논에서 논고동 찾아 걷는 것 맹키로
뛰뚱뛰뚱 험시롱도
오금이 저리게 재미가 있다.

보돕시 물팍만큼 올라 선건디
짝수발에서 내리다 보면

세상에서 나가 젤로 높은 거 겉애서
신이 나 갖고 이 골목 저 골목을 누빔서
하리 해를 채운다.

넘보다 더 크고 잡고
넘보담 더 먼 디를 보고 잡은 맴을
짝수발을 탐서 달개고 살았었는디
늘상 넘 욱에만 서라고 허고
항시 멀리 보라고만 갤추는 시상이
어지럽기만 허다.

자징개

한때는
자징개 있는 집이
시방 그랜저 있는 집보다
나사 배기던 시절도 있었다.

한 시간에 몇 원씩 받고
빌리 주는 자징개를 타면
돈이 아까바서 죽기 살기로 타고도
아쉬버서 손이 안 떨어지기도 했었다.

시방도 자징개를 탄다.

재미로도 타고
몸 생각해서도 타고
이우제 나들이 감서도 타는디
울안에 모시 논 자징개들이 더 많타.

시상이 좋아징깨 종자도 많아져서
쬠만 비비도 내달리는 놈
전기로 지 맘대로 가는 놈도 있는디

그래도 볿바서 가는 놈이 젤이다.

어떤 놈이 어찌 생기 났던지 말았던지
모지리 자징개는 이날 입때까장도
혼차 서는 걸 못 배와서
죽으나 사나 내달리는 것빼끼 모른다.

어찌 사는 것이…

"어이구! 징허게 덥네!"
불무간에 숯불거치 벌건 태양이
온 세상을 삶은 호박거치 흐믈거리게 허는디
모가지 아픈 줄도 모르고 해닥거리고 도는
선풍기가 짠해 보인다.

"학교 다녀 왔습니다!"
그래도 아그들은 심이 남아 도는지
2층 계단을 쿵쾅거리며 담박질을 치고 오는디
낯바닥은 벌게갖고 땀을 줄줄 흘림시롱
숨을 몰아쉰다.

"가서 목욕이나 허고 와라!"
무심허니 허는 말에
"어디서요?" 하는 대답,
덩달아 작은 놈은
"선생님이 물조심 하랬는데요?"

뜬금없이 용개천 다리에서,
몰랑물 다리 밑에서, 새봇거리에서,

깨구리 방천에서…
암디서나 깨뎅이만 벗고 뛰들면
신바람이 났던 모습이 떠오른다.

"그래, 늬들은 멱 감을 디도 없제."
대답을 허고 봉깨 허망헌 생각이 든다.
어찌 사는 거이 잘사는 건가…

아무 꼬랑이나 들어가도
만구에 걱정없이
공짜백이로 놀던 세상,
- 소독내 나는 수돗물이 아니면
  날 잡아서 부대끼고
  돈을 싸 들고 댕기와야 허는 세상.

오만 노락질 다 험시롱
십 리고 이십 리고 걸어 댕김시롱
세상 이치를 배우던 세상,
- 앞사람 뒤꼭지만 보고
  시계 붕알거치
  차만 타고 왔다갔다 허는 세상.

배지가 고파서 주뎅이에 들어가는 거라면

뭐든지 주 묵어도 탈이 없던 세상,
- 배지가 불러서 소화제를 처묵어 감시롱도
  몸에 좋다먼 다 퍼 여 복쟁이 배가 되는 세상.

쇠 띠끼고 쇠깔 베고 나무허로 댕김시롱도
한사람 모가치 다허고 학교에 댕기던 세상,
- 학원으로 오락실로 일류 콤푸타로 갤추고
  온 건석이 다 달라 붙어도 쎈찮헌 세상.

신은지 한달도 못 가서 발꾸락이 나오는
투가리 고무신도 좋와 죽던 세상,
- 엔간헌 까죽구두보담도 비싼 운동화를
  철철이 사 줘도 케똥도 안 뀌는 세상.

호랭이 거튼 할아부지 아부지가
숟구락 들기 전에는 밥도 못 먹던 세상,
- 새끼들 맛낸 거 다 개리 믹이고 나서
  보둡시 찾아 믹이 주는 것만도 다행인 세상.

어찌 사는 거이 잘 사는 거이까?

이렇게 사는 것도…

쎄가 빠지게 흙문지 속에서 보대낄 때는
하루에도 몇 본씩이나
'에이구! 징헌놈의 농사 때리치워 삐리야제,'
혼자서만 냉가슴을 꽁꽁 앓지만

그래도 나락 가마니랑 콩가마니가
죽담 욱에 태산 거치 쌓이고
오곡이 풍성허니 고방을 채우먼
'이만허먼 마껀디…!'
숨만 쉬도 배가 부르다.
쬐까니 숨 좀 돌리고
먼디 까금을 바라봉깨
볼쑤로 온 산에는 울긋불긋헌 단풍들이
살랑거리는 억새를 시키서 나를 꼬신다.

날 잡아서 술장단 맞는 동무를 소리 허고
톱톱헌 막걸리 말이나 장만해 갖고
앞서거니 뒤서거니 올라가는 산길에는
낙엽이 재잘대고 바람은 가랑잎으로
동태를 궁구림시롱 따라온다.

산 좋고 물 좋고 단풍도 좋은
엔데미 꼴짝의 널찍헌 마당바구에
화로를 놓고 숯불을 피서
버얼건 잉그락불을 살룬다.

잉그락불 욱에 솥따까리를 뒤씨서 놓고
풋꼬치랑 조선패랑 오만가지 거십들을
밀가리에 걸쭉허니 반죽해서
푸짐허니 부처리를 부친다.

따땃헌 부처리 안주에 막걸리 사발이
오월 단오에 춘향이 그네 타덱끼
단풍을 띄워서 한잔 가고
하늘을 띄워서 한잔 오고

너 한잔 나 한잔
주거니 받거니
권커니 자커니
오락가락 허다봉깨

막걸리 내금새에 취헌
온 산 단풍들이 슬금슬금 까끔에서 내리와

꼬랑을 건너더니 동무 낯빤닥으로 올라가고
술단지에 빠지더니 내 낯빤닥으로 올라온다.

나가 단풍놀이를 온건지
단풍이 나를 덱꼬 노는건지
천지가 한통속이 되서
통간에 짬을 모를 지경잉깨
신선놀음이 따로 없구나.

사람 사는 것도
단풍이 드는 놈도 있고
사시장철 새파란 놈도 있고
일찌감치 나자빠지는 놈도 있고
낙락장송 허는 놈도 있는디

그냥 흙 속에 무치서 똥내나 맡고
없는것 거치 살다가도
철철이 이런 날이라도 잡아
언젠가 한본은 돌아갈 땅뙈기 가슴패기에
미리 앵기 보는 것도 참말로 개안타.

사투리

사람이 세상에 나서
나껏 네껏 안 개리고
대그빡 맞대고 삼시롱
젤 몬춤 배운 진짜백이 말들을
에나 사투리라고 괄시허는디

할무니의 꼬수름한 정이 옴싹 백이고
할아부지는 지침 소리 하나로 온 집안을 잡고
아침을 여는 어무니의 부지런험이
큰 살림 차고가는 아부지의 비지땀이
소리마다 구절마다 오지게 쩔어있는디

푸짐헌 된장내 나는 고향 말들이
차츰차츰 사그라징깨
무답시 고향이 엄써지는 거 맹키로
가심이 씨리고 애린다.
잘 이사 놔야 허껀디~!

살다 보면

살다보면 인생살이
궁구라지먼 뻘따구도 몬 추리는
깔크막도 오살나게 많고
한 본 볼받다 허먼 헤나지도 못허는
허부랑도 허천나게 많은디
사방 천지가 지뢰밭 겉은 세상을
당장에 제 발목떼기 빠지는 줄 모르고
먼 산 무지개만 찾아
쎄빠지게 다리미 친다.

우선 묵기는 꽃감이 달다고
달작지근헌 맛에만 미쳐서
앞뒤도 안 개리고 겁없이 주 묵다가
난중에 머이 잘 몬돼서
하늘이 뱅뱅 돌 때는
도치로 제 손몽때기를 끊고 잡아도
그때는 볼쎄 차 간 뒤에 손 들기다.

그래도 세상을 살다보면
아무리 험헌 깔크막에서 궁구라지고

천길 엉에서 떨어져도
서로 우접해 감시롱 사는 이웃이 있으먼
살아날 구멍이 있는건디
혼차 잘나 싸서 깡총대다가
궁구라지고 처백히먼
쌩코나 잘했다
깡총거릴 때 알아봤다
웃기만 헐 꺼이다.

천지가 두 쪼가리가 나도
강단이 있는 사람은
살 놈은 살리고 쥑일 놈은 쥑이는디
어벙헌 사람들은
뻔히 살 수 있는 것도
서로 몬춤 살라고 쥐 뜯다가
옴싹 한 통 안에서
씨 몰살을 허고 만다.

넘 헌티 아짐찮은 일을 옹통지게 해 노먼
영락없이 경사스럽은 일이 생기고
넘 헌티 쎄가나게 해찰만 부리 노먼
영락없이 깨춤을 추는 일이 생긴다는 거는
몇 천년 전에 살던

미련허다는 사람들도 다 알았는디
상구 더 똑똑허고
상구 더 잘난 이들이 사는
시방은 왜 개득을 몬헐까?

살다보면
몬난 놈이 있어야 잘난 놈이 테가 나고
당장에 천지개벽이 일어난다는디도
밤낭구 감낭구 숭구는 거시
미련탱이 겉고 바보 멍텅구리 겉애도
세상은 그 덕에 돌고 도는 거이다.

또 하나의 나

옛날 사진 속에는
다 큰 놈이 오짐을 싸서
쳉이 뒤써 쓰고 소금 얻으로 가는
철딱서니 없는 아이가 있다.
- 사진 앞에는
  항시 이거 해라 저거 해라
  허지마라 허지마라 야단법석을 떠는
  잘난 어른이 된
  사진 속의 아이가 있다.

옛날 사진 속에는
징허게도 말은 안듣고 공부허기가 몸서리나서
저무나 새나 허천나게 뚜두라 맞기 잘하던
개망나니 아이가 있다.
- 사진 앞에는
  아그들 공부 못헌다고 네 닮았네 내 닮았네
  시도 때도 없이 쎄가나게 생야단만 치는
  덩치 큰 어른이 된
  사진 속의 아이가 있다.

옛날 사진 속에는
이쁜 가이내들 똥구녕이나 쫓아 댕기다가
학교를 댕기니 마니 난리법석을 허던
바람쟁이 아이가 있다.
- 사진 앞에는
  가이내 머이마들이 서로 말만 해도
  대그빡에 쇠똥도 안 벳기진 것들이
  연애 헌다고 호통치는 어른이 된
  사진 속의 아이가 있다.

옛날 사진 속에는
일허기는 싫고 돈은 많이 벌고 잡아
여개만 나면 남을 기실라고 대가리 궁굴던
통밥쟁이 아이가 있다.
- 사진 앞에는
  세상에 못된 놈들은 종자가 따로 있다고
  눈에 쌍심지를 켜는
  돈 많고 잘난 어른이 된
  사진 속의 아이가 있다.

나이 마흔이먼 불혹(不惑)이라는디…

전에 전에 예전에 공자님은
이녁이 세상을 살아봉깨
나이가 마흔 살이 되서는
심지가 곧아서 흔들리지 않게 되고
넘들이 꼬시도 넘어가지 않았다는디

공자님거치 잘나지는 몬해도
낫살이나 묵으먼
쬐까니라도 나사질랑가 했는디
에나 더 나부대는 꼬라지를 보면
얼매나 더 나이를 묵어야 철이 들꺼나!

먼 놈의 욕심이 이리도 많이 생기는지
새끼는 내 새끼가 최고 잘나서
넘 허는 거는 뭐든지 다 잘해야 허고
세상에 있는 돈은 다 욕심나서
싹 다 가진다 해도 반눈에도 안 찰라고 헌다.

질에 댕김시롱 눈에 배기는 여자들은
자꾸자꾸 예삐만 가고

넘들이 허는 일들은 아무리 잘해도
쎈찮해 보이는 거 보면
암만 생각해도 나이를 꺼꿀로 묵은 모양이다.

씨잘떼기 없는 일에 간섭이나 잘허고
쥐뿔도 없음시롱 간뎅이만 부서
제 일은 다 허도 못허고
밤이 되면 밤새도록 기와집만 짓다가
눈알이 벌~게 갖고 날새고 만다.

공자님은 재주를 타고나서
일찌감치 도를 터자농깨 不惑(불혹)이라고 했는지
안 그러먼 나 맹키로 꼬시는 거이 많아서
맘을 단단히 묵어야 되는 나잉깨
꼬이지 마라고 不惑이라고 했는지
좀 만내서 물어 보먼 속이 씨언 허것는디…

하눌님! 참말로 몬 참것네요!

하눌님!
개명 천지에
이런 벼락맞아 죽을 놈들이 어디 있다요?
밀쩡허니 잘 사는 나라에
게다짝을 질질 끌고 와서
죄없는 백성들을
찢어 직이고 찔러 직이고
돌라 가고 빼뜨라 가고
못된 짓거리는 골라감시롱 허더마는
인자는 시도 때도 없이
땅 내 노라고 쌩떼를 쓰는
저 쪽빠리 놈들을 어쩌면 좋다요?

지놈들이 시방까지 헌 지서리를 보면
쌂아 묵고 찢어 묵어도
원도 한도 안풀리것는디…
지놈들 땜에 무답시
성헌 땅덩어리가 갈라지고
부모 동구간들이 갈라져서 사는 것만 해도
원통허고 복통이 터져 죽것는디

인자는 우리 땅도 주구 땅이라고
개나발 부는 저 주뎅이를 어쩌면 쓴다요?

힘없는 거이 죄라고
못사는 거이 죄라고
전에는 헐 수 없어서 당했다 치고
인자는 우리도 배지껏 묵고
심이 남아 돌아
넘들 굶는디 쌀도 보태 주고
더 큰 나라에 돈도 빌리 주는 세상인디
주뎅이로 욕만 허고 말아야 쓴다요?

만날 그런 식으로 맹하니 헝깨
저놈들이 간을 봐서
시도 때도 없이
이저삐릴만 허면
어거지를 쓰는 거 아니것소?
다시는 헛수작 못 허게
이참에는 참말로 야물개 단도리를 해야쓰껀디
잘났다는 사람들 정신이 어먼디로 가 있응깨
또 옛날짝 날까니 참말로 겁나그만요.

왜놈들이 배 놔라 감 놔라 꺼덜베기는 꼴

밸이 꼴려도 안들을 수 없었던 거는
저놈들 꼬라지를 하눌님은 알고 있응깨
언젠가는 베락을 맞을 거이다
니놈들도 한 본은 죽는소리 헐꺼이다 허고
나는 못해도 내 새끼들은
더러븐 꼴 안 볼거라고 믿는 맘에서
이날 입때까지 견디고 견딨는디
인자 하눌님만 믿고 몬 살것네요.

대그빡이 터지더라도 내 대그빡 터지껑깨
한치도 지차줄 수 없고
사흘에 피죽 한그럭도 못 묵는 한이 있어도
독도에다가 성을 싸야 헐거그만요
그래갖고 제놈들 케 앞에서
우리도 히덕기리고 약 좀 올리야 쓰것그만요
한국 사람 다 직이기 전에는
독도는 택도 없는 노략질이고
꺼덜벡이먼 꺼덜벡일수록 우리는
얀다무치게 하나가 된다는 사실을
단단허니 명념허개 맹글어 나야 헐거그만요!

근디
독도 가기가 양코배기 나라 가기보담도 더 심들고

조선천지에 흔해빠진 군발이 하나도 안 보내 놓고
맨날 입으로만 청정해역이다,
후손에게 물려주자 떠들고 꺼덜벡이다가
난중에 죽써서 개 줄까니 참말로 겁나는구만요

사는 것이 좋아 산다네!

새복 일찍이 이불 속에서 잠이 깨면
오늘도 살아 있다는 거이
참말로 고마운 생각이 들어
찌푸둥허니 눈가에 붙어 있는 잠을
억지로라도 떼내고 일어나
새날을 맞는다.

드러누서 쉴 오두막이라도 있다는 거는
기분 좋은 일이고
내 몸땡이로 헐 일이 있다는 거는
심을 내게 허는 일이고
서로 의지허고 사는 건석이 있다는 거는
참말로 오지고 넉넉헌 일이다.

아무리 삼동 날씨가 춥고 맵아도
춘삼월은 오기 마련이고
삼복 더우가 아무리 디리 쐎아도
오진 가실이 지다리고 있응깨
쪼꾸라 앉어서 지다리지만 않는다면
몬살 건덕지가 없다.

아침에 나서 저녁이면 죽는 하리살이도
불 앞에 모이서 춤을 치고,
한여름에 쐬까니 살다 가는 매미도
몇 년을 거름 구덕에서 전디고 사는디
요절 안허고 살아 있다는 것만 해도
참말로 오지고 아짐찮은 일이다.

세상에 무작헌 놈이 하도 많아서
맨날 쌈질만 허고 살아도
살았응깨 싸우는 거이고
세상천지 서러븐 일은 혼자 다 당해
하수 평생 눈물만 질질 짜고 살아도
살았응깨 눈물도 짜는 것이다.

미운 놈 떡 하나 더 주다 보면
없던 정도 생기는 거고
아무리 서럽고 짠한 일이 쌨고 쌨어도
지내 놓고 나면 엔간찮아 웃음도 나는디
부모 때리직인 웬수가 아닌 담에야
낯바닥 불키고 살 거이 없다.

아직에 해 뜨먼 해 뜽깨 반갑고

저녁에 달 뜨먼 달 뜽깨 아짐찮고
비가 오먼 비 옹깨 반갑고
꽃피먼 꽃이라서 더 반갑고
친구들 찾아오먼 무장무장 더 아짐찮고
살아있응깨 오만 거이 다 오지고 아짐찮다.

짜지 말고 사소

아무리 씨잘때기 없는 인생이라도
오랜 세월 동안 공들인 보람으로
보톱시 세상 귀경을 하게 되는 거고
세상에 나온 이상은
다 살 만한 가치가 있는 건디

언놈은 눈도 몬 떠보고 가고
언놈은 제 살붙이 얼굴도 몬 보고
언놈은 넘 다 달고 있는 육신도
제대로 몬챙기 나와서
평생을 한심만 쉬다 간다.

가만히 생각해 봐서
엔간히 살았다는 생각이 드는 사람은
좀 추접스런 짓거리 그만 허고
그냥 살아 있는 것만이라도
고맙게 생각허고 산다면

폴 다리가 성허면
성헌 것이 아짐찮고

40, 50 넘어서고 한 살 두 살 보태지먼
오래 사는 것이 아짐찮고
쎄가 빠지게 바쁘고 일이 태산같으먼
헐 일이 있다는 것이 아짐찮은 거다.

만원 버는 놈이나
백만원 버는 놈이나
일억을 버는 놈이나
젝제금 돈 쪼개 쓰고
불릴 궁리 허는 거는 다를 거이 없고

만원 모툰 놈이나
백만원 모툰 놈이나
일억을 모툰 놈이나
맨탕 빈손으로 황천길 가기는
매한가지다.

제 인생 제 멋대로 사는 거제마는
살다가 한 본이라도
나가 어떻코롬 살고 있는지
나가 머땜시 사는지
명념허고 개득해 감시롱
조신허고 살아갈 일이다.

맘을 넉넉허니 묵으면
세상도 넉넉해지고
맘을 너그럽게 쓰먼
넘도 너그럽게 해주기 마련인디
 울고 짜고 죽는소리 맨날 해 봤자
나꼬라지만 추접제 만구에 뽄날 거이 없다.

맨날맨날 행복허고 자부먼

맨날맨날 행복허게 살고 잡은 사람은
행복을 주 담을 그럭부텀 잘 챙기야 헌다.

근디…
첨부터 한 섬씩 들어가는 크댐헌 가마니나
집채만헌 고방부텀 맹글지 말고,

쬐깐헌,
골무보담도 상구 더 작은 뽀재기를 맹글아 갖고 담으먼,
잘잘헌 행복들은 넘들이 주 가도 안 허고
사방천지 질바닥에 궁구라 댕깅깨
한 자리 주 담는 거는 일도 아니제!

작으나따나
맨날맨날 한 자리씩 채웅깨 행복허고
암만 작은 행복도
물방울 모투 덱끼 모투다 보먼
언젠가는
가마니도 차고 고방도 차것제!

맨날맨날 행복해지고 잡담서
잘잘헌 거 모타 갖고 언제 고방 채우냐고
배지 부른 소리나 허고 앙것쓰먼
누가 뭉텡이로 검어다 중가?

넘들이 보둠고 앙것는 행복은
무작허니 커 배기제마는
그것도 첨에는
댐배씨 보담도 더 작은 놈들인디

가짤게 생각 안 허고
시나브로 주다 모타서 맹글아진 거라는 걸 왜들 모르까…

맨날맨날 행복해지고 자분 사람은
눈이 안 좋으먼 돋보기를 치끼 들고 댕김서라도
행복씨를 주다 모타야 헌다.

눈 딲고 잘만 딜다 보먼
행복이 천지에 궁구라 댕기고 있는 거시 배기고
한본 배기기 시작헌 눈에는
천지에 배기는 거시 행복이랑깨.

백수가 된 내 머리

머리가
희끗희끗
희었다.

70여 년을 넘게
쎄가나개 살아온
훈장이다.

흰머리를
가만히 채리 보고 있쓰면
재밌다.

한 가닥 한 가닥마다
이야기가 한나씩
달리 있다.

서러운 이약도 있고
재미난 이약도 있는디
그래도 재미난 이약이 좀 더 많다.

근디 각시는
꺼멍물을 딜이라고
야단이다.

평생을 공 딜이서
맹그라 온 흰머리가
그리 베기 싫은 거까?

나는 신기허고 재밌는디….

개미있게 살자

무시헌티서는 무시 맛이
배추헌티서는 배추 맛이 나야 개미가 있고

도야지헌티서는 도야지 맛이
멜따구헌티서는 멜따구 맛이 나야 개미가 있다.

근디 사람들은 나 맛은 안 챙기고
넘 맛만 찾아 댕기니라 정신없는 세월을 산다.

사람도 제 맛을 지킴서
사는 사람들이 개미가 있고

개미있는 사람들이 못친 세상이
참말로 재미가 있다.

세상살이가 참 재밌다

젊은 시절에
도서관이랍시고 맹그라 놓코
아그들 모타서
골목대장 노릇을 허고 살았었는디

40년 넘는 세월이 흐르다 봉깨
시방은 그때 즈그들보다 큰 아그들 손을 잡고
아직도 열리있냐고 도서관을 찾아 오는디
참말로 반갑고 재밌다.

제 자석들도 에미 애비 잘 안 찾는다는 세상에서
떡뚜꺼비 겉은 손주놈들이
바글바글 넘치나는 도서관을 지니고 상깨
이보다 더 헌 복이 없네.

제대로 돈 벌고 베슬허는 재주는 없어도
시시껄렁헌 고물들을 모타 갖고
시방도 꼴목대장 노릇을 허고 있음깨
시상에 이런 복이 또 있으까 이~!

텃밭도서관

뜽금없이 텃밭도서관 이약을 하나 해 보라고 덕석을
깔아 준단다.

새삼스레 돌아봉깨 참말로 파란만장헌 날들이 줄을
서는디
광채는 안 나도 나 딴에는 참말로 열심히 산다고 살았다.

나 사는 재미에 혼차 미쳐 살아 온 오랜 시간 속에는
집안 건석들이사 어찌 사는지 돌아볼 새도 없었고
그저 앞만 보고 내달린 일들이 추억으로 남았다.

잠시 서서 한숨 돌림서 뒤돌아다봉깨
머리는 서리가 내리 백발이 성성허고
육신은 사방천지가 삐걱기리는디
맘만 청년잉깨 이것도 문제네

기냥 모른 채 속에 담고 가기는
아깝다는 생각에 또 일을 벌리고
욕험서 배우고 미버험서 타갠다더마는
나가 안 따라 허고 잡던 걸 나도 절로 헌다.

울 할무니 일 허지말고 가만 노라 해도 안 쉬고
풀 매고 서답 뽈고 온 집을 뱅뱅 돌던 거 맹키로
나도 풀치고 밭감서 넘어가는 해를 잡고 씨름을 헌다

깐닥깐닥 싸목싸목 싸부작싸부작 넘들은 운동으로 도는디
나는 쇠걸음으로 오늘도 하리를 마치는 석양의 낙조를 본다

낼 해가 뜨건말건 나가 눈을 뜨건말건 시방 걱정헐 일은 아니네~!

담쟁이 넝크렝이

한본 맘 묵으먼
거미발 겉은 손을 뻗어서
뭐든지 다 보둠아 딜이는 담쟁이.

그 너른 품으로 다 보둠고 나면
여름에는 청청헌 잎싹으로 노래를 허고
가실이먼 고분 단풍으로 춤을 춘다.

모진 비바람까지 다 데불고 놀다가
삭풍이 몰아치먼 아예 없는 거 맹키로
시치미 뚝 떼고 들앙거 심을 모툰다.

담쟁이넝쿨들이 사랑을 품고 뎀비먼
아무리 목석같은 것들이라도
그 가슴에 푹 빠져 들고 만다.

잘 나고 못 나고를 가리지 않고
누구든지 보둠아 주는 담쟁이는
미움 자체를 모르는 영원한 사랑꾼이다.

초가 한 채 맹글고 봉깨

돌 하나 흙 한 뎅이 나무 틈에 채워 감서
선인들 옛 지혜를 몸으로 배와 봉깨
인생이 가진 거 많아야 재미난 건 아니네.

집이라고 지은 거시 비바람 겨우 막고
안인지 바깥인지 구분 없는 흙 속이라
인정도 거리낌 없이 창호지를 넘는다.

쥔 놈도 허허허허 손님도 허허허허
넘들은 고래등도 좁다고 불평인디
초가집 한 채 지놓고 쥔도 손도 허허허!

달!

암것도 없는 컴컴헌 하늘에서
달이 큰다.

물도 없고 해도 없는 밤하늘에서
보둡시 손툽 달을 공 딜이 키워갖고
똥글뱅이 달로 맹그라 노먼

새가 달라들어 파묵고
벌거지들이 파묵고…
텃밭에 놀로 온 찬주공주 말대로라먼
배고픈 천사가 베 묵어서 근다는디

암튼간에 언놈이 뜯어 묵는지는 몰라도
아무리 다 뜯어 묵고 씨를 몰라도
티끄레기 겉은 쪼가리라도 있쓰먼 주 모타서
다시 키우고 채워서갖고 둥근달을 맹그라 낸다.

이날 입때까지 심없고 배곯는 사람들은
달이라도 봄서 헛배라도 채와 보고
초가삼간도 짓고 지와집 맹글 꿈도 꿈서

허리끈 보깡 땡기 매 감서 전디고 살았제.

하나에 하나를 모투는 재미에
오만 설움 다 전디고 살았었는디
인자는 이 달까지 인간들이 파묵것다고 뎀비등깨
앞으로는 그런 꿈도 못 꾸고 사는 거 아닌지 모르것다.

그런 사정들을 아는지 모르는지
오늘밤에도 무심헌 달님은
해도 물도 없는 하늘에서
싸목싸목 손톱달을 키워가고 있다.

항꾸내 가면 될 것을

'장애인 먼저'라는디…
참말로 잇기는 말이다.

누가 누를 장애인이라고 허고
누가 누보고 몸춤 가라고 허껑가!

이해관계가 생기먼
부모 자석 간의 정도
싸그리 팽개치는 것이 세상 인심인디
장애인 몬춤이라고?

세상은 모지랜 사람들이 서로 우접해서
모지랜 걸 메까 감서 살기 땜시
사는 재미가 있는 거제.

기냥 가기도 심든 장애인을
몬춤 가라고 떠밀 것이 아니라
손 잡고 항꾸내 가면 되껀디

기냥 항꾸내 가면 되껀디~!